SMART
TRAVELLING

EINE PERFEKTE WOCHE ...
TOSKANA

LIEBLINGSADRESSEN IN DER TOSKANA

LUCCA UND DIE VERSILIA
Seite 13

1 Hotel:
Locanda al Colle
Via della Stretta, 231, 55041 Camaiore
Tel: 0039 0584 915195
Seite 15

2 Hotel/Restaurant:
Trattoria da Fagiolino
Via Carega, 1, 51024 Cutigliano-Montagna
Tel: 0039 0573 68014
Seite 25

3 Restaurant:
Osteria Miranda
Via dei Carrozieri, 27, 55100 Lucca
Tel: 0039 0583 952731
Seite 31

4 Restaurant:
Ristorante Vipore
Via per Pieve Santo Stefano, 4469,
55100 Lucca
Tel: 0039 0583 394065
Seite 39

5 Café:
Pasticceria Patalani
Via Giuseppe Zanardelli, 183/185,
55049 Viareggio
Tel: 0039 0584 47279
Seite 45

6 Restaurant:
Osteria Candalla
V. di Candalla, 264, 55041 Camaiore LU
Tel: 0039 0584 984381
Seite 49

7 Aktion:
Stadtbummel durch Pietrasanta
Seite 55

8 Aktion:
Forte dei Marmi
Seite 63

SIENA UND DIE CRETE
Seite 69

9 Hotel:
Fattoria San Martino
Via Martiena, 3, 53045 Montepulciano
Tel: 0039 0578 717463
Seite 71

10 Hotel:
Il Follonico
Località Casale, 2, 53049 Torrita di Siena
Tel: 0039 0577 669773
Seite 81

11 Hotel:
Relais La Saracina
Podere Saracina, S.S. 146 km 29,7
53026 Pienza; Tel: 0039 0578 748022
Seite 93

12 Restaurant:
Osteria Le Logge
Via del Porrione, 33, 53100 Siena
Tel: 0039 0577 48013
Seite 97

13 Aktion:
Stadtbummel in Siena
Seite 101

14 Restaurant:
Osteria Acquacheta
Via del Teatro, 22, 53045 Montepulciano
Tel: 0039 0578 717086
Seite 105

15 Aktion:
Il Giardino di Daniel Spoerri
Strada Provinciale Pescina
58038 Seggiano
Tel: 0039 0564 950026
Seite 111

16 Aktion:
Podere Il Casale
Podere Il Casale 64, 53026 Pienza
Tel: 0039 0578 755109
Seite 117

22 Hotel/Restaurant:
Trattoria di'Sor Paolo
V. Cassia per Firenze, 40,
50026 S. Casciano in Val di Pesa
Tel: 0039 055 828402
Seite 161

VON CARMIGNANO BIS
COLLE VAL D'ELSA
Seite 165

23 Hotel/Restaurant:
Fattoria Barbialla Nuova
Via Casastrada, 49, 50050 Montaione
Tel: 0039 335 1406575
Seite 167

24 Hotel/Restaurant:
Villa Il Poggiale
Via Empolese, 69, S. Casciano i. V. d. Pesa
Tel: 0039 055 828311
Seite 171

25 Restaurant:
Da Delfina
Via della Chiesa, 1, 59015 Artimino
Tel: 0039 055 8718074
Seite 175

26 Restaurant:
Bonanni
Via Turbone, 9, 50056 Montelupo
Tel: 0039 0571 913477
Seite 183

27 Restaurant:
C'Era una Volta
Via Certaldese, 3, Lucardo Montespertoli
Tel: 0039 0571 669578
Seite 191

FLORENZ – DIE WIEGE
DER RENAISSANCE
Seite 197

28 Restaurant:
Trattoria Da Ruggero
Via Senese, 89, 50124 Florenz
Tel: 0039 055 220542
Seite 199

29 Café:
Torrefazione Piansa
Via Antonio Meucci, 1, 50012 Bagno a Ripoli
Tel: 0039 055 645774
Seite 203

30 Aktion:
San Miniato al Monte
Via delle Porte Sante, 34, 50125 Florenz
Tel: 0039 055 2342731
Seite 207

GUT ZU WISSEN
Tipps, Ausflüge,
Spaziergänge
Seite 209 – 240

DER TOSKANATRAUM

Zauberhafte, historisch und kunstgeschichtlich interessante Städte, sanfte hügelige Landschaften mit Feldsteindörfern, beeindruckende Villen der Medici, Weinberge, Olivenhaine, Zypressen, Pinienwälder, Steinpilze, Wildschweine, helle Chianina-Rinder, Schafherden ... köstliche, kulinarische Spezialitäten, stilvolle Pasticcerien, leckere Restaurants, trubelige Bars ... Museen und Kathedralen, Strände und Skigebiete. Die Toskana ist ein Traum. In manchen Restaurants können Sie die Toskana förmlich schmecken, denn das Geheimnis der guten toskanischen Küche besteht darin, regionale, frische Produkte zu verwenden. Die Karte wechselt mit den Jahreszeiten, wodurch Sie sehr intensive Aromen zu den weltberühmten Weinen genießen können.

Berühmt wurde die Toskana als „Wiege der Renaissance". Die Welt verändernde Künstler, Architekten, Musiker, Denker und Schriftsteller wirkten hier. Für Kunstliebhaber ist sie ein Schatzkästchen. Bevor die größeren Städte wie Florenz, Siena, Lucca, Pisa, Arezzo und Pistoia im Mittelalter unabhängig und bekannt wurden, gehörte die Toskana erst zu den Etruskern und dann zum Römischen Reich.

Kaum eine Gegend ist so mit Sehnsüchten und Mythen aufgeladen wie die Toskana. Eine betörende Region, die vor allem vom Tourismus lebt. Daneben gibt es Wein- und Olivenanbau, Kunsthandwerk sowie Handel und Industrie. In Lucca und an der Küste, in Siena und der Crete, im Chianti und in Florenz zeigen wir Ihnen bezaubernde Orte zum Übernachten, Essen und spannende Aktionen, damit Sie Ihre Tage in der Toskana voll ausschöpfen können.

LUCCA UND DIE VERSILIA

Die Strände in der Versilia erstrecken sich so weit das Auge reicht. Sie schauen nicht nur aufs Meer, sondern auch auf ein schönes Bergpanorama mit den Apuanischen Alpen und Carrara, der Stadt des Marmors. Die Strände sind meist fein und gehen sehr sanft ins Meer über. Viele italienische Familien verbringen den Sommer hier in den Bagnos, die sich die ganze Küste entlang aneinanderreihen. Einer der beliebtesten Badeorte ist Viareggio. In Forte dei Marmi hingegen treffen sich die Reichen und Schönen, nicht nur um zu baden, sondern auch um zu shoppen oder in der Café-Bar Principe vom Cappuccino am Morgen irgendwann zum Sprizz beim Sonnenuntergang überzugehen.

Im dortigen Hinterland liegt Pietrasanta, die Stadt der Bildhauer, Künstler und Kunsthandwerker, in der man förmlich spürt, wie das junge Leben pulsiert. In den schmalen Gassen wechseln sich kleine, kreative Läden mit interessanten Restaurants und spannenden Galerien ab.

Lebendig geht es in Lucca zu, einem Städtchen mit 80.000 Einwohnern, das schon in der „Göttlichen Komödie" eine Rolle spielte. Auf der begrünten Stadtmauer einmal um den historischen Stadtkern zu spazieren oder zu radeln, macht Spaß. Man kann immer wieder innehalten und die schönen Ausblicke auf die sandfarbene Altstadt genießen. Dort liegen Plätze wie die Piazza San Michele und die Piazza del Mercato mit zahlreichen Cafés, Restaurants, kleinen traditionellen Geschäften und Boutiquen sowie die alten Markthallen mit ihrem pittoresk abgeblätterten Charme. Und über allem erhebt sich imposant der Duomo San Martino mit seinen Säulengängen und dem achtstöckigen Turm.

LOCANDA AL COLLE

Nicht weit von der trubeligen Küste entfernt, liegt zwischen Olivenbäumen oberhalb des Lido di Camaiore die moderne Oase Locanda al Colle.

Wer den verschlungenen Weg erst einmal gefunden hat, kann an diesem lässig eleganten Ort wunderbar die Seele baumeln lassen. Ideal, um sich nach Stunden am Strand zurückzuziehen – oder ganze Tage in dem kleinen idyllischen Garten mit Pool zu verbringen und von oben in die hügelige, grüne Landschaft und auf das Meer in der Ferne zu schauen. Auch im Haus selbst kann man sich nicht satt sehen. Kunst zieht sich vom Treppenhaus durch alle Räume: moderne Malerei, immer wieder Skulpturen, Bohemian Chic und die unterschiedlichsten Lampen, die Riccardo Barsottelli mit besonderer Leidenschaft sammelt.

Zum Frühstück auf der Terrasse gibt es frische regionale Köstlichkeiten: Himbeeren, Feigen, Schinken, frisch gepressten Grapefruitsaft. Zweimal in der Woche stellt Riccardo Barsottelli sich in die schöne offene Küche und verwöhnt seine Gäste mit einem Menü und toskanischen Weinen. Spätestens dann fühlt man sich, als sei man bei guten Freunden zu Hause. Auch weil die Gastgeber einen jederzeit mit zahlreichen, sehr guten Tipps umsorgen.

1 Locanda al Colle Adresse: Via della Stretta, 231, 55041 Camaiore
Tel: 0039 0584 915195 Internet: www.locandaalcolle.it
Preise: DZ ab 195 Euro inkl. Frühstück und Strandgebühren,
Abendessen: 50 Euro

Ein Gespräch mit Riccardo Barsottelli

Inhaber der Locanda al Colle

Wie kamen Sie dazu, in dieses Haus am Hang zu ziehen?

Wir hatten vorher ein einfaches Bed & Breakfast und wollten mehr Komfort, Luxus, einen Pool und all die schönen Objekte, die wir auf Reisen und über Jahre gesammelt hatten, nutzen. Als das Landhaus zum Verkauf stand, wussten wir sofort, dass wir es nehmen.

Wussten Sie da schon, wie die Locanda aussehen sollte?

Architektonisch sollte sie jung, offen und geschmackvoll sein. Die Soho Houses waren eine Anregung und auch Designer und Architekten wie Andrée Putman, Philippe Starck oder John Pawson.

Sie vermitteln das wunderbare Gefühl, bei Freunden zu Besuch zu sein.

Ja, wer bei uns ist, soll sich wie in seinem eigenen Haus fühlen und dazu einen modernen, ausgezeichneten Service genießen.
Seit wir im Mai 2010 eröffnet haben, sind wir fast durchgängig ausgebucht. Wir haben viele Stammgäste, die uns empfehlen, und auch die Gay Community ist sehr willkommen bei uns.

Und allen bieten Sie eine erlesene Auswahl an.

Wir schauen beim Einkaufen, was gerade besonders gut und frisch aussieht. Mit der Kunst wollen wir unsere Gäste immer wieder überraschen. Wir stellen Künstler aus, die in der Toskana arbeiten, die meisten davon sogar bei uns in der Umgebung.

Wie verbringen Sie den Winter?

Das werden wir noch sehen. Auf jeden Fall können die Gäste dann ganze Stockwerke oder auch das ganze Haus mit oder ohne Service mieten.

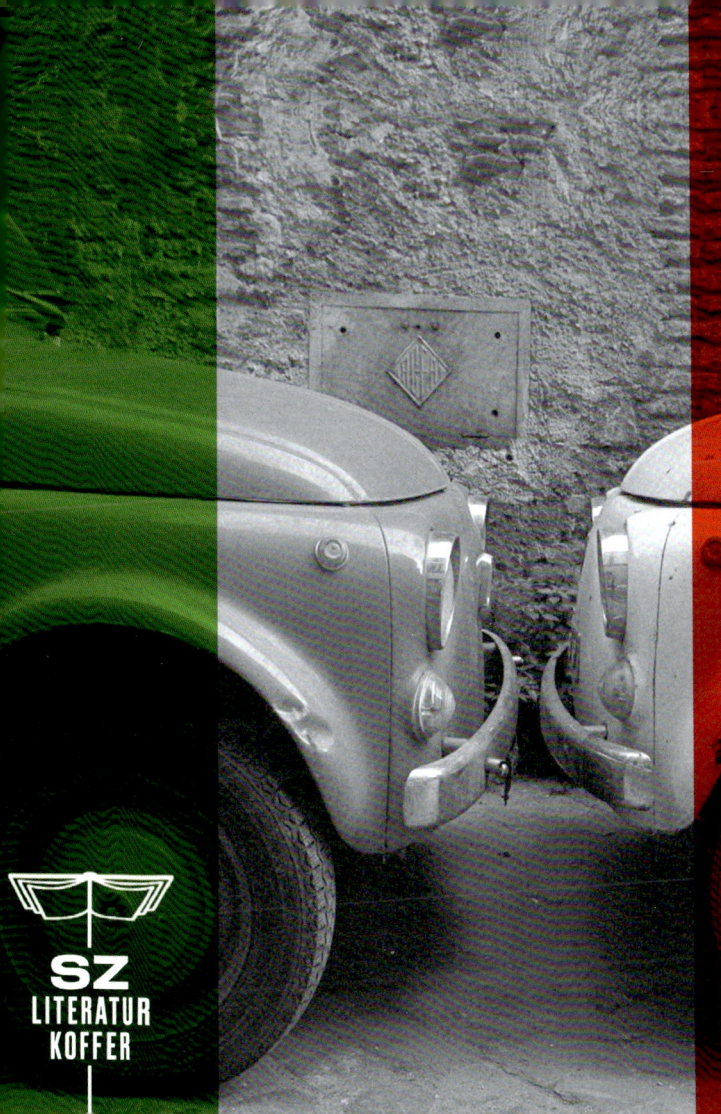

SZ
LITERATUR
KOFFER

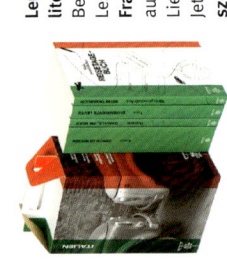

☞ Bagno Viareggio

Bagno Viareggio hat einen ganz eigenen Charakter. Die Straßen sind wie in New York im Schachbrettmuster angeordnet und die Stadt versprüht einen Charme, der aus einer Mischung aus Badeort und lebendiger Kleinstadt am Meer besteht, in der die Einheimischen und nicht die Touristen das Stadtbild prägen. Nichts wirkt so exklusiv wie in Forte dei Marmi, dafür ist es herrlich normal mit schönen Cafés und guten Fischrestaurants, wie das bekannte La Drasena in der Via Virgilio, 150. Zum Einkaufen eignet sich die Stadt weniger, dafür können Sie ein wenig am Yachthafen und am Strand entlangschlendern.

TRATTORIA DA FAGIOLINO

Im reizvollen, abgeschiedenen Hinterland lohnt sich ein Abstecher ins Fagiolino. In ihrer heimeligen, schlichten Trattoria serviert die Familie Innocenti sehr gutes toskanisches Bergessen. Schon wenn man die Tür an diesem abgeschiedenen Ort öffnet, strömt einem der satte Duft der Slow-Food-Küche entgegen. Ein besonderes Erlebnis sind die Pilze im Herbst. Mit leuchtenden Augen präsentiert Luigi Innocenti Körbe voller Steinpilze und Ovoli, dem Fungo Imperiale, der Caesar schon schmeckte. In Italien gehört er zu den begehrtesten Spezialitäten. Für Nicht-Kenner erinnert er mit seiner roten Kappe und den weißen Lamellen wohl eher an eine Illustration aus dem Märchenbuch. Der Insalata di Ovoli, zu dem er verarbeitet wird, ist aber so ungefährlich wie köstlich: Die hauchdünn geschnittenen Scheiben, roh und mit Zitrone und Olivenöl mariniert, sind ein Highlight.

Lecker sind auch die Maccheroni all'Anatra, hauchdünne Bandnudeln mit Entenragout, und die Crostone ai Funghi, marinierte Steinpilze mit Kochschinken und Leberpastete auf toskanischem Brot. Als Dessert sollten Sie den herrlich leichten und fruchtigen Moscato d'Asti aus dem Piemont probieren, eine Spezialität, die auch Luigi Innocenti besonders schätzt. Reservieren Sie, denn die Trattoria ist sehr beliebt. Auf dem Weg dorthin kann man sich das mondäne Bagno di Lucca mit den alten Villen ansehen.

2 Trattoria da Fagiolino Adresse: Via Carega, 1, 51024 Cutigliano-Montagna
Tel: 0039 0573 68014 Internet: www.dafagiolino.it
Öffnungszeiten: Täglich 12.15 – 14.45 Uhr und 19.30 – 21.45 Uhr,
November geschlossen

☞ Auch zum Übernachten

Wem es in den Bergen gefällt, der kann in einem der vier schlichten Zimmer über der Trattoria übernachten. Die Räume werden keinen Preis für ihr Design gewinnen, doch die Atmosphäre im Fagiolino ist so herzlich, dass man sich dort sehr gut aufgehoben fühlt. Zudem bekommen Hausgäste ein kleines Menü für 20 Euro.

Preise: DZ ab 82 Euro inkl. Frühstück

☞ Wandern

Wer im Fagiolino übernachtet oder einfach nur nach einem köstlichen Mittagessen die Umgebung erkunden möchte, sollte eine Wanderung durch die einsame Berglandschaft machen. Dafür ist Cutigliano ein idealer Ausgangsort – und die Familie Innocenti kennt die schönsten Wanderwege: beispielsweise den zum Lago Scaffaiolo (insgesamt zwei Stunden), der so schöne wie ungewöhnliche Ausblicke in die Toskana und zugleich auch in die Emilia Romagna bietet.

OSTERIA MIRANDA

Die Osteria Miranda ist ein angenehm unkomplizierter und atmosphärischer Ort. Die Wände hängen voller alter Blechschilder und überall stehen Antiquitäten und pittoreske Chiantiflaschen herum. Das Publikum ist genauso bunt wie die Einrichtung, das Essen toskanisch mit modernem Einschlag und die Atmosphäre lebendig. Das Miranda ist der place to be, in dem man an Holztischen und inmitten von Einheimischen sitzt und sich von den Köchen Gabriele und Matteo verwöhnen lässt. Und das stundenlang, denn wenn man sich hier erst einmal niedergelassen hat, steht man nicht mehr so schnell auf. Auch weil man Spezialitäten wie die Tordelli mit Fleisch auf weißen Papiersets serviert, die immer mal wieder von den Gästen, zu denen auch viele einheimische Künstler gehören, bemalt werden. Viele sammeln die Besitzer, die schönsten von ihnen schaffen es sogar an die Wände im Gastraum. Vor dem Miranda sitzt man in der Nähe der Stadtmauer und obwohl die Osteria um die Ecke von der Piazza Santa Maria liegt, sitzen Sie hier lauschig versteckt.

3 Osteria Miranda Adresse: Via dei Carrozieri, 27, 55100 Lucca
Tel: 0039 0583 952731 Internet: www.facebook.com/osteriamiranda
Öffnungszeiten: Dienstag – Sonntag 19.30 – 23.00 Uhr,
Montag geschlossen

FORMAGGIO GRASSO

FORMAGGIO SEMIGRASSO

☞ Osteria dal Manzo

In der kleinen verwinkelten Osteria, in der man gemütlich eng beieinander sitzt, werden typisch toskanische Gerichte serviert. Viele Rezepte stammen von der Großmutter Andrea Turelli, darunter auch das ungewöhnliche und köstliche Dessert *Torta con Becchi*, ein süß schmeckender Kuchen mit Mangold und Pinienkernen. Dem Koch sieht man das gute Essen genauso an wie seine Freude am Kochen. Leidenschaftlich hantiert er mit riesigen Töpfen, in denen wunderbar dicke Sugos köcheln.

Adresse: Via Cesare Battisti, 28, 55100 Lucca, Tel: 0039 0583 490649
Internet: de-de.facebook.com/osteriadalmanzolucca
Öffnungszeiten: Montag – Samstag 19.30 – 23.00 Uhr, Sonntag geschlossen

☞ Durch Lucca radeln

Sehr viel Spaß macht eine Radtour durch Lucca. Wer vom Trubel in den verwinkelten Sträßchen genug hat, kann wunderbar auf die Stadtmauer ausweichen
und dort im Grünen mit Blick auf die roten Ziegeldächer und den historischen
Stadtkern an vielen Aussichtspunkten vorbeiradeln. Fahrräder können Sie
direkt am Stadttor leihen. Das Prozedere ist unkompliziert. Innerhalb weniger
Minuten sitzen Sie bereits auf Ihrem Rad.

Adresse: Cicli Bizzarri, Piazza S. Maria, 32, 55100 Lucca
Tel: 0039 0583 496682, Internet: www.ciclibizzarri.net

RISTORANTE VIPORE

Erst schlängelt man sich den Berg hinauf, nimmt Kurve um Kurve und denkt, dass hier eigentlich nichts mehr kommen kann. Doch dann schmiegt es sich plötzlich an den Hang: das Restaurant Vipore mit seinen legendären Pommes frites. Ihr Geheimnis: frische Kräuter wie Salbei, Thymian und Rosmarin, die allesamt mitfrittiert werden und so den ganz besonderen und köstlichen Geschmack ausmachen. Man sollte sie wirklich einmal im Leben gegessen haben, denn sie sind nicht nur weit über die Toskana hinaus bekannt, sondern gehören tatsächlich zu den besten Pommes der Welt. Besonders gut passen sie zu dem *Pollo alla Brace,* einem toskanischen Grillhähnchen, das so perfekt zubereitet ist, dass es innen wunderbar saftig ist und die Haut herrlich kross. Ähnlich gut sind die *Tagliata di Manzo alle Erbe aromatiche,* die Tortelli und der *Insalata di Pane,* ein typisch toskanischer Brotsalat. Eigentlich aber sollten Sie im Vipore die legendären Pommes mit Huhn essen. Und das am besten im lauschigen Garten, denn der Blick von dort auf das Luccatal und auf Lucca selbst ist genauso legendär wie die Speisekarte – und der Wirt. Trinken Sie dazu den Rotwein der Fattoria Buonamico und das Glück ist perfekt.

4 Ristorante Vipore Adresse: Via per Pieve Santo Stefano, 4469
55100 Lucca Tel: 0039 0583 394065 Internet: www.vipore.it
Öffnungszeiten: Dienstag – Sonntag 12.30 – 15.00 und 19.30 – 22.00 Uhr,
Montag geschlossen

☛ Locanda Vigna Ilaria

Auf dem Weg zum Restaurant Vipore liegt die Locanda Vigna Ilaria, die nicht nur bekannt für ihre Fischgerichte ist, sondern auch eine preiswerte Möglichkeit bietet, in der Nähe von Lucca zu übernachten. Die Einrichtung der vier Zimmer und Apartments ist schlicht und modern, nicht in allen Details stilsicher, aber wohl fühlt man sich dennoch.

Adresse: Via della Pieve Santo Stefano, 967c, 55100 S. Alessio
Tel: 0039 0583 332091, Internet: www.locandavignailaria.it
Öffnungszeiten: Täglich 19.30 – 23.00 Uhr, Samstag 12.30 – 14.00 Uhr
Preise: DZ ab 85 Euro

PASTICCERIA PATALANI

Schaut man die Wände in der Pasticceria Patalani hinauf, kommt man sich vor wie in einer Ausstellung mit Petersburger Hängung. Übereinander und nebeneinander hängen dicht an dicht historische Fotos der Pasticceria, Zeichnungen, Urkunden, goldene Spiegel und Grußkarten. Genauso dicht an dicht liegen in der großen gläsernen Vitrine der Konditorei kleine Köstlichkeiten, die weit über Viareggio bekannt sind. *Cornetti, Bomboloncino con Crema, Tramezzini* und vor allem die Teigtaschen, die mit Ricotta oder Birnen und dunkler Schokolade gefüllt sind. Die einzelnen Zutaten sind perfekt aufeinander abgestimmt und Sie sollten die Täschchen unbedingt probieren. Am besten ganz einheimisch an der trubeligen Bar und mit einem cremigen Cappuccino. Oder mit Blick auf das Markttreiben auf einem der Plastikstühle vor der Tür.

5 Pasticceria Patalani Adresse: Via Giuseppe Zanardelli, 183/185 (in der Nähe der Piazza C. B. Conte di Cavour), 55049 Viareggio Tel: 0039 0584 47279 Öffnungszeiten: Täglich 6.30 – 20.30 Uhr

OSTERIA CANDALLA

Das Candalla ist ein geheimes Juwel und diese verstecken sich bekanntlich gerne. Nachdem man einige Zeit einer kurvenreichen Straße am Fluss gefolgt ist, stößt man auf einen eher unspektakulären Eingang. Umso überraschender ist die Welt, die sich dahinter auftut. Bei schönem Wetter werden Sie durch sympathisch eingerichtete Räume zielsicher in den Garten geführt, wo sich auf zahlreichen Ebenen Tische in Nischen verbergen. Hier kann jeder seinen Lieblingsplatz mit Blick auf den Fluss wählen, zumindest wer rechtzeitig da ist oder reserviert hat. Wenn man nicht wüsste, dass man in der Toskana ist, ist das Bild eher das eines „Grotto" im Tessin und wie auch in der italienischen Schweiz baden Gäste unten am Fluss oder entspannen dösend auf Liegestühlen in dem kühlen Flussbecken.

Doch nicht nur der Ort ist diesen Ausflug wert, das Essen wäre auch ohne das ganze Setting ein „must visit". Die Vorspeisen sind eine Reise durch alle Geschmackssynapsen, doch die absoluten Glücksgefühle bekommen Sie bei den *Maltagliati,* breite, fast crêpeartige Pasta mit Entenfleisch. Auch die Vorspeisen und das Dessert sind einfach göttlich.

Was für eine schöne Entdeckung, wir kommen auf jeden Fall wieder!

6 Osteria Candalla Adresse: Via di Candalla, 264
55041 Camaiore LU Camaiore Tel: 0039 0584 984381
Internet: www.osteriacandalla.it Öffnungszeiten: Täglich 20.00 –
24.00 Uhr, Freitag – Sonntag 13.00 – 15.00 Uhr

STADTBUMMEL DURCH PIETRASANTA

In dem malerischen Städtchen am Fuße der Apuanischen Alpen kann man wunderbar schön durch die schmalen Gassen rund um den Domplatz schlendern, einen Blick in die vielen kleinen, kreativen Läden und Galerien werfen und an der Piazza Duomo pausieren.

Wie ihr Name schon sagt, ist Pietrasanta die Stadt des Marmors, denn „pietra" bedeutet Stein und „santa" heilig. Sie liegt in der Nähe des berühmten Marmor-Mekkas Carrara, in dem schon Michelangelo den reinsten, makellosesten Stein für seinen „David" schlug und dessen Ruhm auf sie abfärbte. Kunsthandwerk und Werkstätten gehören ebenfalls zu Pietrasanta wie Mosaikkünstler, Steinmetze und Bildhauer. Auch der Kolumbianer Fernando Botero, berühmt für seine sinnlich-kugelrunden und in Stein gehauenen Figuren, lebt zeitweise hier.

Das Städtchen ist charmant, aufgeschlossen modern und beeindruckt gleichzeitig mit seiner historischen Kulisse: mit dem mit Marmor verkleideten Dom, der Klosterkirche Chiesa di San Agosto, dem Campanile und einigen sehenswerten Palazzi. Ein Örtchen, in dem man wunderbar einen entspannten Nachmittag verbringen und den Abend in einem der originellen Restaurants, von denen es dort überraschenderweise gleich drei gibt, ausklingen lassen kann.

 Pietrasanta

☞ Locanda Pietrasantese

Sehr schön und direkt an der Piazza Duomo übernachten Sie in der Locanda Pietrasantese. Die drei opulent ausgestatteten Zimmer haben Bohème-Charme und wurden von dem Künstler Antonio Barberi farblich gestaltet. Zu dem kleinen Bed & Breakfast gehört die beste Café-Bar am Platz, in der Sie Ihr Frühstück mit Blick auf den Dom genießen können. Abends ist sie ein beliebter Treffpunkt für tutto Pietrasanta auf einen Sprizz.

Adresse: Piazza Duomo, 29; 55045 Pietrasanta
Tel: 0039 0584 70147
Preise: DZ ab 200 Euro

☞ Pinocchio

Das Pinocchio ist lässig, modern und ein angenehmer Ort für einen Abstecher in die internationale Bistroküche. 2010 wurde es von einer Gruppe von Freunden eröffnet, von vier schicken Italienern, die ihr Gefühl für Lifestyle in dem Restaurant perfekt umgesetzt haben. Industriedesign trifft auf warmes Holz, moderne Kunst auf gedeckte Farben. Es liegt inmitten von kleinen Läden und Galerien und ist ein guter Zwischenstopp, wenn Sie zwischendurch etwas Besonderes essen möchten. Besonders beliebt ist auch der Sonntagsbrunch (20 Euro).

Adresse: Vicolo San Biagio, 5, 55045 Pietrasanta
Tel: 0039 0584 70510
Öffnungszeiten: Dienstag – Sonntag 10.00 – 13.00 Uhr (Enoteca),
17.00 – 1.00 Uhr (Restaurant), Juni – September: auch montags geöffnet

☞ La Brocca

Die Osteria La Brocca ist eine gute Wahl, wenn man in der Gegend ist und eine raffiniertere toskanische Küche ausprobieren möchte. Sie ist stimmig, freundlich eingerichtet und unaufgeregt, aber kein Kultort. Die Küche steht für einen hohen Anspruch, den das sympathische Betreiber-Paar offen und ehrlich kommuniziert und lebt. Fisch und Fleisch stehen gleichermaßen im Fokus. Die Auswahl der Weine ist groß und sichtbar von der Leidenschaft für gute Produkte geprägt.

Adresse: Via Pescarella 27, 55045 Vallecchia, Pietrasanta
Tel: 0039 0584 1848202, Öffnungszeiten: Dienstag – Sonntag
12.00 – 15.00 Uhr und 20.00 – 24.00 Uhr

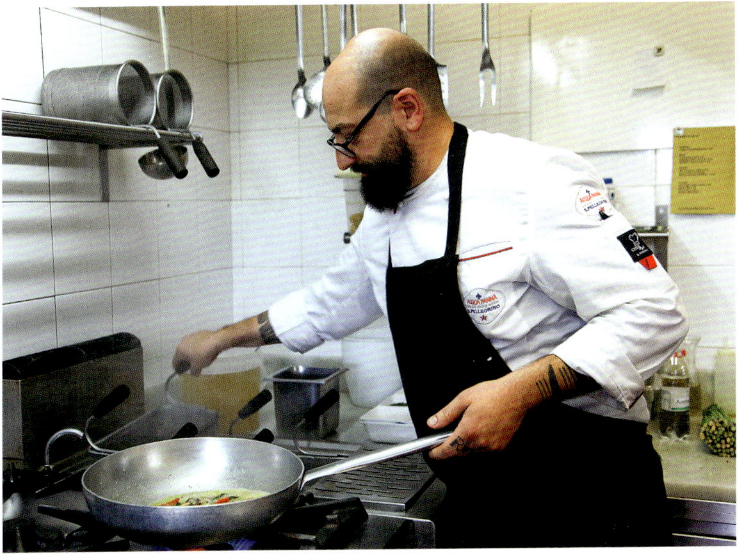
ACQUA PANNA
S.PELLEGRINO

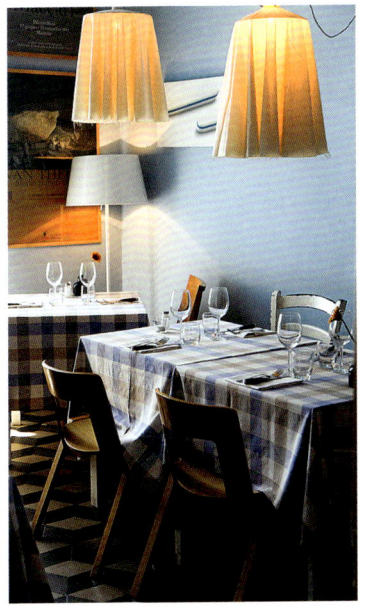

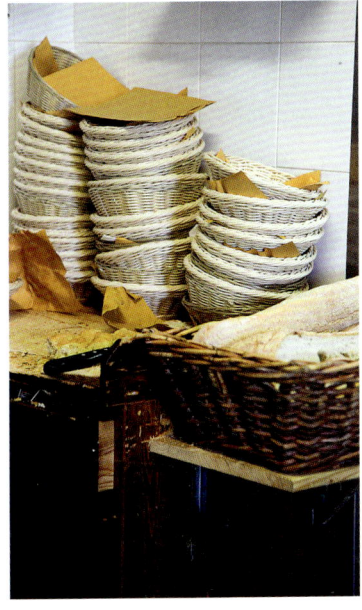

FORTE DEI MARMI

Forte dei Marmi ist nichts für Asketen, denn der kleine edle Badeort ist Luxus pur: ein Laufsteg zum Schaulaufen, um die neueste Mode auszuführen – und das mit viel Show. Die Bagnos entlang des Strandes sind mit 30 bis 80 Euro pro Tag sündhaft teuer, die Wochenraten sind etwas günstiger. Dafür bekommen Sie Liegen, Stühle, Tische und ein großflächiges Dach, das ausgiebigen Schatten spendet. Es gibt Kabinen, Duschen und ein dazugehöriges Café oder Restaurant. Es fehlt an nichts.

Einheimische Familien und Insider haben eigene Strandsets aus Frottee in den passenden Farben des Bagnos und besitzen seit Generationen ein Jahresabo. Sie treffen sich jeden Sommer mit allen Freunden, spielen Karten, diskutieren und plaudern.

Wer nicht am Strand liegt, geht ausgiebig shoppen. Es gibt in Europa kaum einen anderen so kleinen Ort mit der Dichte an ausgesuchten Markenläden. Sogar Prada hat hier einen Store. Das Angebot hatte früher mehr Klasse, heute ist es lauter und protziger geworden – und spiegelt die Entwicklung des Publikums in den letzten Jahren wider. Dennoch ist Forte dei Marmi mit kleinen Kindern in der Vorsaison sehr schön. Alle radeln mit Fahrrädern die flachen Straßen entlang, mittags gibt es bei Halbpension für die Kleinen Spaghetti und Obst und abends trifft man sich am Karussell und geht dann im Café Principe ein Eis essen. Die Eltern entspannen sich beim Sprizz, während die Kinder die Fußgängerzone entlangflitzen.

☞ Café-Bar Principe

Hier sitzen Sie zu jeder Tageszeit goldrichtig. Das Principe verströmt Grandezza und zwar in bester Lage. Direkt an Forte dei Marmis edler Shoppingstraße ist es der Ort zum Sehen und Gesehen werden – egal ob morgens beim Cappuccino mit Cornetti, beim kleinen italienischen Mittagssnack oder beim Gelato oder Sprizz am Abend.

Adresse: Via Giosuè Carducci, 2, 55042 Forte dei Marmi
Tel: 0039 0584 787143, Öffnungszeiten: Täglich 7.30 – 22.30 Uhr

☞ Bagno Bruno

Im Sommer gibt es nichts Schöneres, als mittags bei Bruno auf der Terrasse einen Teller Spaghetti d'Arselle mit kleinen ausgelösten Venusmuscheln zu essen und dazu kühlen Weißwein zu trinken. Das ist italienisches Lebensgefühl am Meer und Forte dei Marmi von seiner schönsten Seite. Bruno ist schnell an den karibischen Farben auszumachen, die fröhlich leuchten. Es ist eines der kleineren Bagnos des Strandes, aber für seine gute Fischküche und lässige Atmosphäre bekannt, und die Lieblingsadresse von Einheimischen, Promis und allen anderen, die eine gute Meeresküche lieben.
Bruno macht einfach die beste *Spaghetti Aragosta* mit knackig frischen Langusten und ein unvergessliches *fritti misti* aus knusprigen Tintenfischchen, kleinen Sprotten und zarten Plattfischen. Bei ganzen Fischen sollten Sie den Preis genau erkunden, denn günstig ist das ganze Spektakel schon länger nicht mehr. Der Kern des Bruno-Teams hat sich in den letzten zehn Jahren kaum verändert und selbst wenn Sie erst ein paar Jahre später wieder kommen, werden Sie begrüßt wie alte Freunde.

Adresse: Via Arenile, 22, 55042 Forte dei Marmi, Tel: 0039 0584 89972
Internet: www.bagnobruno.com
Öffnungszeiten: Täglich 8.00 – 22.00 Uhr

SIENA UND DIE CRETE

Die südliche Toskana bietet mit Siena die Perle der Gotik, mit Montepulciano die der Renaissance und mit Pienza die Renaissance-Puppenstube des Papstes, dazu kommen die Weingebiete um Montalcino, die den berühmten, vollmundigen Brunello di Montalcino hervorbringen, die weißen und schwarzen Trüffel aus San Giovanni d'Asso, die vielen kleinen Thermen wie das Bagno Vignoni, befestigte kleine Städte und Dörfer, die oft erhaben auf den Hügeln thronen, sowie die sanft geschwungene, karge und dünn besiedelte Landschaft der Crete.

Die Crete ist erdiger, erodierter und lichter als die restliche Toskana, daher tritt die sanft hügelige Landschaft im Frühling besonders mild, aber im Winter auch besonders rau hervor. Im Frühjahr ist sie überwiegend grün, mit großen Schafweiden, im Sommer erstrecken sich die Getreidefelder bis zum Horizont, im Herbst dann wechselt das Bild in verschiedene Brauntöne und im Winter wirkt sie mitunter schon fast wüstenhaft. Wanderwege und ausgeschilderte Touren für Radfahrer gibt es viele, da es sich in den flacheren Hügeln gut radeln lässt. Viel Spaß macht es auch, mit der Vespa über die einsamen, kurvenreichen Straßen der Crete zu sausen.

Montepulciano lädt zum Shoppen ein, Schuhe und andere Lederwaren haben hier Tradition. Und zwischendurch können Sie immer wieder ins Poliziano gehen, einen Cappuccino trinken, eine Schiacciata oder auch ein Mittagsmenü essen oder sich einfach nur gemütlich in einen der Sessel fallen lassen.

FATTORIA SAN MARTINO

Am Fuße des malerischen Hügelstädtchens Montepulciano liegt inmitten von Rebbergen, Olivenhainen, Korn- und Sonnenblumenfeldern die wundervolle Fattoria San Martino. Das Feldsteinhaus wurde voll inspirierender Kreativität von der niederländischen Modedesignerin Karin Lijftogt in ihrem ganz eigenen Stil liebevoll ausgestattet. In den vier Zimmern wechseln sich rohe Wände mit warmen Erdtönen ab, die Lampen sind selbst entworfen, bestehen aus gestanztem Papier, sind zu Sternen gefaltet oder ganz nah über dem Boden angebracht. Die Bettwäsche ist mit großen Bonmots bedruckt. Die Böden aus gewachstem, altem Holz geben als Kontrast eine schöne Wärme ab. In der perfekten modernen Fattoria möchte man am liebsten ewig bleiben. Ob Pasta, Honig oder Öl, die enthusiastische Gastgeberin und ihr Mann, Antonio Giordini, machen alles selbst, bauen Heilkräuter, Getreide, Obst und sogar Safran an. Zum Frühstück gibt es frische biologische Produkte. Abends wird auf Wunsch gekocht und in einem großen Kaminzimmer unter eigensinnig schönen Glasleuchtern gegessen. Die Energie stammt größtenteils aus Sonne und Holz. Der verwunschene Naturpool ist ohne Chlor, von hier aus kann man seinen Blick über die Hügel bis nach Montepulciano schweifen lassen: ein ideal erfrischender Start in den Tag. Und wer sich danach noch kreativ austoben möchte: Im Atelier von Karin Lijftogt werden Golschmiede-, Näh- und Kunstkurse angeboten. Einfach himmlisch!

9 Fattoria San Martino Adresse: Via Martiena, 3, 53045 Montepulciano
Tel: 0039 0578 717463 Internet: www.fattoriasanmartino.it
Preise: DZ ab 140 Euro inkl. Frühstück, ab zwei Nächten

Ein Gespräch mit Karin Lijftogt
Designerin und Besitzerin des San Martino

Wie kamen Sie auf die Idee, statt Mode eine Fattoria zu designen?

Als Modedesignerin reiste ich zwischen Italien, Deutschland und Indien hin und her, entwarf eine eigene Kollektion und hatte keine Sekunde Zeit. Irgendwann wurde mir bewusst, dass das Leben sehr kurz ist. Von da an wollte ich Qualität statt Quantität im Leben. Mehr Zeit mit meiner Familie beispielsweise.

Und vermissten Sie das urbane Leben?

Nicht so oft. Die einsame Landschaft ist wunderschön mit kleinen Kindern. Sobald sie größer werden, wird man mehr zu einer Taxifahrerin ... Mich reizte die Idee, in Montepulciano zu leben und mit Bio-Materialien dieses Haus neu auszubauen. Wir wollten die alte Bausubstanz in ein schönes Gleichgewicht mit neuen Formen des Designs bringen. Ich liebe es, alten Dingen neues Leben einzuhauchen.

Ist der Name Konzept?

Wir feierten Sankt Martin immer mit unseren Kindern und ihren Freunden und brachten das Fest so nach Montepulciano. Die Idee, schöne Dinge mit anderen zu teilen, mag ich sehr. Wer die Welt verändern möchte, kann bei sich anfangen. Ich teile meine Zeit jetzt mit anderen und diesen Ort, der immer schöner werden soll. Nächstes Jahr legen wir einen großen Gemüsegarten an, dann können wir noch vielseitiger kochen und werden unabhängiger.

☞ al No 3 Cucina di Verdura

Die Besitzer der Fattoria San Martino haben einem jungen kreativen Paar mit einer Passion für vegetarische Küche das Restaurant der Fattoria zur Verfügung gestellt. Das Restaurant al No3 Cucina di Verdura ist, wie der Name schon sagt, eine moderne wie auch lokale Reise durch die Gemüse-küche der Region. Es gibt ein 5-gängiges Menü für 35 €, auf das man sich einlassen sollte. Der Koch und seine bezaubernde Frau betreuen die Gäs-te, der Lage geschuldet, ausschließlich ausländisch, hier sitz kein Local, (Vorschlag: aufgrund der Lage ausnahmslos Touristen) angenehm locker und freundlich. Die Focaccia zum Gemüse ist ultimativ köstlich.

Adresse:
Öffnungszeiten: täglich Dinner ab 19.00 Uhr nur mit Reservierung

IL FOLLONICO

Il Follonico ist einer dieser magischen Orte, an dem einfach alles stimmt. Oft sind es die kosmopolitischen Paare, hier der Römer Fabio mit seiner Frau Suzanne aus Holland, die die schönsten Projekte aus einem kreativen nordischen Blickwinkel für Design und einer südlichen Wärme und Gastlichkeit entwickeln und der Toskana damit ein neues Gesicht geben. Die Zimmer sind unterschiedlich und kleine Kunstwerke an sich. Alle muten modern an, sind aber warm, klar und ländlich mit kleinen poetischen Inszenierungen. Suzanne liebt es, alten Dingen ihren Zauber zurückzugeben: „Viele würden diese Dinge wegschmeißen, ich dagegen liebe sie, und weil ich sie so liebe, lieben unsere Gäste sie jetzt auch." Ein befreundeter, prominenter Architekt gab Fabio Firli und Suzanne Simons als Motto mit auf den Weg: „Überlegt euch gut, ob ihr einen Stein aus dem Gemäuer nehmt, denn selbst wenn ihr ihn danach genauso in die Mauer setzt, wird sie nie wieder so gut aussehen." Zum Frühstück treffen sich alle Gäste an großen Tischen wie in einer WG, und es herrscht ein sympathisch familiäres Miteinander mit den drei Kindern des Hauses und den internationalen Gästen, die schnell bei einem Kaffee aus den süßen romantischen Tassen miteinander ins Gespräch kommen. Die Lage mitten in den Weinbergen ist ideal. Von hier aus können Sie Ausflüge nach Montepulciano, Montefollonico, Torrita di Siena und Pienza machen. Abends können Sie Ihre toskanischen Kochkünste bei Ana vervollkommnen.

10 Il Follonico Adresse: Località Casale, 2, 53049 Torrita di Siena
Tel: 0039 0577 669773 Internet: www.follonico.com Preise: DZ ab 165 Euro (pro Zimmer) inkl. Frühstück. Kochkurs auf Anfrage für 75 Euro pro Person

Ein Gespräch mit Fabio Firli

Besitzer des Il Follonico

Wie habt ihr das geschafft, mit kleinen Kindern einen so schönen Ort aufzubauen?
Vor allem mit Leidenschaft. Aber wir arbeiten auch jeden Tag von morgens um sechs bis Mitternacht. Im Winter erholen wir uns dann ein bisschen und tanken wieder Energie auf. Hier im Grünen ist es herrlich mit Kindern. Sie können frei spielen. Als wir das Haus sahen, liebten wir es sofort mit jedem Detail an ihm: den Ort, die Steine, den Blick … Beim Umbau orientierten wir uns vor allem an dem, was wir an Schönem bereits vorfanden, und Suzanne verlieh den Zimmern ihre Poesie.

Die Gäste frühstücken und essen in eurem Haus. Habt ihr nun eine große, internationale Familie?
Wir finden, das ist die beste Möglichkeit, damit wir uns alle hier wohlfühlen. Unsere Gäste frühstücken wie gute Freunde bei uns im Haus. Abends essen wir häufig allein oder mit Freunden.

Wovon habt ihr geträumt, als ihr euch entschlossen habt, Il Follonico zu kaufen?
Ich wollte an einem schönen Ort mit hoher Lebensqualität leben und sehr viel Zeit mit meiner Familie verbringen. In vielen Berufen musst du morgens aus dem Haus und kommst erst spätabends wieder nach Hause. Irgendwann werden die Kinder dann Teenager und ziehen aus. Ich genieße es, ihnen „Guten Morgen" und „Gute Nacht" zu sagen und dazwischen so viel von Suzanne und ihnen mitzukriegen.

☞ La Botte Piena

In den verwinkelten Gässchen Montefollonicos bekommen Sie in der Osteria
La Botte Piena in rustikalen Räumen ehrliche toskanische Gerichte. Schon am
frühen Abend sieht man die Köchinnen in der engen Küche die hausgemachte
Pasta rollen, während in einem großen Topf die Wurst für den Sugo vor sich
hinkocht. Im Sommer auf der Terrasse, im Winter gemütlich oben unter dem
Dachstuhl, ist die Osteria eine gute Adresse für Freunde der traditionellen Küche und regionalen Zutaten – der Geist von Slow Food ist hier ganz zu Hause.

Adresse: Piazza Dionisia Cinughi, 12, 53049 Montefollonico
Tel: 0039 0577 669481, Internet: www.ristorantelabottepiena.com
Öffnungszeiten: Donnerstag – Dienstag 19.30 – 22.00 Uhr, Samstag und
Sonntag auch mittags 12.30 – 14.30 Uhr, Mittwoch geschlossen

☞ The Lazy Olive

Viel einsamer und rustikaler können Sie in der Toskana kaum übernachten. Abgelegen liegt das Feldsteinhaus in den Hügeln. Dort hat man einen traumhaften Blick in die Landschaft, und an klaren Tagen können Sie sogar die Türme von Siena sehen. Hier sind Sie wirklich abgeschnitten von der Welt, und dabei hüpfen die Hunde der Besitzer um Sie herum.

Der Australier Malcolm Aires, der im Winter am English Department der Universität von Siena arbeitet, und seine italienische Frau Daniela di Cesare haben das Anwesen eigenhändig ausgebaut.

In The Lazy Olive mietet man wochenweise Apartments oder mit 25 Personen gleich das ganze Haus und versorgt sich am besten selbst. Abendessen kann zwar vorbestellt werden, man kann aber auch viele gute Produkte in der Nachbarschaft kaufen. Auf dem Hügel gegenüber stellt der Schafzüchter aus Sardinien wundervollen Pecorino her, bei anderen Nachbarn bekommen Sie Fleisch und Wurst.

Adresse: Località Finerri, 7, 53041 Asciano
Tel: 0039 333 219 4246, Internet: www.thelazyolive.com
Preise: Appartements ab 590 Euro pro Woche, Haus ab 3900 Euro

La**S**aracina
Relais

RELAIS LA SARACINA

In der Nähe von Pienza können Sie elegant im Relais La Saracina im Grünen wohnen. Die zwei Schwestern Simonetta und Gabriella Vessichelli haben sich einen gemeinsamen Traum erfüllt und im Landhausstil ein komfortables Relais eröffnet. Die sechs Zimmer sind rustikal mit einer zarten femininen Note, jedes individuell gestaltet, einige mit großzügigen Bädern. Ein guter Tipp also auch für alle, die gern viel Zeit im Badezimmer verbringen! In dem weitläufigen, verwunschenen Garten mit Pool können Sie sich zurückziehen, die Seele baumeln lassen, schwimmen oder Tennis spielen. Oder Sie leihen sich ein Fahrrad und erkunden die wunderschöne Umgebung im Val d'Orcia. Die ganze Anlage stillt die Bedürfnisse von Gästen, die Ruhe mit Ästhetik verbinden möchten. Der Wintergarten, in dem gefrühstückt und gegessen wird, fügt sich perfekt in das romantische Gesamtbild ein. Im Sommer kommt abends auf Wunsch ein Koch und bespricht mit den Gästen das Menü. Oder Sie verfeinern Ihre Kochkünste gleich selbst in einem der angebotenen Kurse.

11 Relais La Saracina Adresse: Podere Saracina, S.S. 146 km 29,7
53026 Pienza Tel: 0039 0578 748022 Internet: www.lasaracina.it
Preise: DZ ab 170 Euro inkl. Frühstück

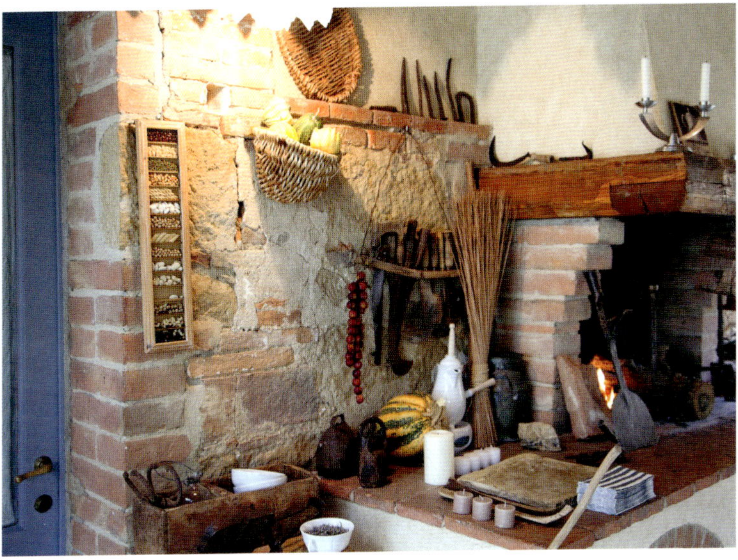

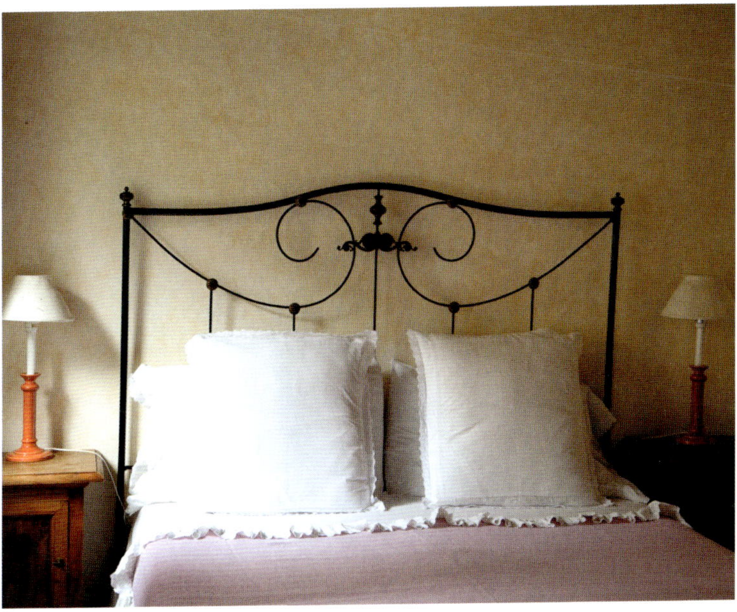

OSTERIA LE LOGGE

Die Osteria Le Logge ist eine Institution in Siena. Sie liegt nur wenige Meter von der berühmten Piazza del Campo entfernt. Das sehr schöne, zweistöckige Restaurant ist sicher kein Geheimtipp mehr. Otto Schily hat darüber geschrieben, Joschka Fischer und der Verleger Klaus Wagenbach saßen schon hier. Auch einheimische Künstler und Politiker kommen gern in die Osteria, vor allem im Herbst und im Winter.

Der Wein des Hauses stammt aus dem eigenen Weingut Gianni Brunelli in Montalcino. Das Essen ist gut, aber nicht alles ist auf den Punkt perfekt. Originell sind Kleinigkeiten wie die Trauben im Teigmäntelchen. Eine gute Empfehlung ist, herauszufinden, welches Gericht Laura, die Besitzerin, sich an diesem Tag aus der Küche bringen lässt.

Reservieren Sie unten, denn es ist auf jeden Fall viel charmanter als oben. Das Interieur und die Theke der Drogheria, die Gianni und Laura 1978 in ihr Restaurant einbauten, verleihen dem Raum das gewisse Etwas: Glasvitrinen aus Holz mit Weinflaschen bestückt, dazwischen liegen lose Bücher und Zeitschriften und stehen vereinzelt Figuren. Die schönen Fußbodenkacheln runden das Bild ab. Abends und meist auch mittags ist es schwer, einen Platz zu bekommen. Daher empfehlen wir Ihnen, rechtzeitig einen Tisch zu reservieren (auch auf der Webseite unter: „Prenotazioni").

12 Osteria Le Logge Adresse: Via del Porrione, 33, 53100 Siena
Tel: 0039 0577 48013 Internet: www.giannibrunelli.it
Öffnungszeiten: Montag – Samstag 12.00 – 14.30 Uhr und
19.00 – 22.30 Uhr, Sonntag geschlossen

☞ Weingut und Öl

Der Wein und das Olivenöl der Osteria Le Logge in Siena wurden von Gianni Brunelli selbst hergestellt. Um das kleine Gut kümmern sich nun Laura und Mirco. Wer das kleine Weingut besichtigen möchte, sollte sich vorher anmelden.

Adresse: Azienda Agraria Le Chiuse di Sotto,
Loc. Podernovone, 157, 53024 Montalcino
Tel: 0039 0577 849337

STADTBUMMEL IN SIENA

Die Stadt ist sicher sehr touristisch, aber von einer beeindruckenden Dichte und Schönheit. Überall gibt es architektonische, meist gotische Schönheiten zu bestaunen, an jeder Ecke ein prächtiges, imposantes Gebäude – obwohl es in dieser Stadt kaum Ecken zu geben scheint. Selbst die beeindruckend schöne Piazza del Campo wölbt sich wie eine Muschel zwischen den kreisrund angeordneten Gebäuden und dem Campanile. Es macht Spaß, zwischen all dieser architektonischen Pracht durch die Straßen zu bummeln, in den Geschäften zu stöbern oder in den Cafés die Spezialität des Ortes, den berühmten Panforte, zu probieren.

Für die Schönheit und den kulturellen Reichtum dieser Stadt war das 13. und 14. Jahrhundert besonders wichtig. Damals regierte der Rat der Neun und sorgte für Frieden, welcher wiederum gut fürs Geschäft war. Die Stadt wurde reich und schön. In der Kunst entstand die Sieneser Schule. Interessant ist beispielsweise ein berühmter Freskenzyklus im Rathaus, dem Palazzo Publico, von Ambrogio Lorenzetti: die Darstellung der „guten und schlechten Regierung". Auch die berühmten Bildhauer und Baumeister jener Zeit, Niccolò und Giovanni Pisano, arbeiteten in Siena. Die prägende gotische Architektur ist in der Stadt nahezu unverändert erhalten. Hohe Backsteinpaläste säumen die engen Gassen. An die 50 Adelsfamilien kauften sich mit einem Palazzo in Siena ein, ohne den sie weder Bürgerrechte erhalten noch diese behalten hätten. So sorgte die Konkurrenz unter den Familien und die Lust, die anderen zu übertreffen, dafür, dass diese Stadt immer herrlicher wurde.

 Siena

☞ Der Dom von Siena

Der Innenraum ist wunderschön. All diese Figuren und Details sind anmutig und erhaben. Dabei sollte dieser aus dunklem und hellem Marmor gestreifte Dom mit dem weithin sichtbaren Campanile später das Querschiff eines überdimensionierten Doms werden. Heute gilt der Dom in seiner kleinen Fassung als eines der bedeutendsten italienischen Beispiele gotischer Architektur – und wenn Sie genau hinschauen, entdecken Sie Elemente der romanischen Basilika. Berühmt sind die achteckige Kanzel mit der realistischen Darstellung der Ängste einfacher Menschen von Giovanni Pisano, die Arbeiten von Donatello an den Altären, die Intarsien im Chorgestühl von Fra Giovanni da Verona und die Intarsienarbeiten und Gravuren biblischer Szenen, Sagen und Legenden im Marmorboden, die aus diesem ein Gemälde machen.

Öffnungszeiten: Täglich 7.30 – 19.30 Uhr, im Winter 7.30 – 13.00 Uhr und 14.30 – 17.00 Uhr

👉 Kaffee bei Nannini

Die Pasticceria Nannini gehört zu Siena wie Gianna Nannini zur italienischen
Rockmusik. Ein Kaffee im Stammhaus Conca d'oro dürfte für viele so sehr zu
einer Toskanareise gehören wie die Piazza del Campo. Der Kaffee ist legendär wie der weltberühmte Panforte. Nach der Tradition besteht Panforte aus
Honig, Mandeln, Feigen, Zitronat und Orangeat, Zucker und verschiedenen
Gewürzen wie Zimt, Nelken und Muskatnuss. Es gibt ihn in vielen Varianten,
zum Beispiel mit Kakao oder Peperoncino. Der Klassiker ist weiß und besteht
aus 17 Zutaten – so viele Contraden, also Viertel, gibt es auch in Siena.

Adresse: Via Banchi di Sopra, 24; 53100 Siena, Tel: 0039 0577 236009
Internet: www.grupponannini.it; Öffnungszeiten: Montag – Donnerstag 7.00 –
21.30 Uhr, Freitag – Sonntag 7.00 – 22.30 Uhr

OSTERIA ACQUACHETA

Das Acquacheta in Montepulciano ist mittlerweile so berühmt für seine Bistecca Fiorentina, dass mittags und abends in zwei Schichten gegessen wird. Der Wirt, Giulio Ciolfi, eine echte Persönlichkeit, gibt seiner Osteria eine lässige wirbelige Atmosphäre, der sich keiner entziehen kann. Er hat die verbliebenen Haare zum Zöpfchen gebunden, trägt seine Jeans lässig baggy und zerlegt die dicken Steaks für seine Gäste eigenhändig in der offenen Küche, als würde er Holz spalten. Ein großes Theater, das natürlich auch einige Touristen anzieht.

In dem schmalen Restaurant sitzen die Gäste an langen Tafeln dicht zusammen, was der Stimmung nur gut tut. Alles ist einfach, aber mit Stil: Wein und Wasser werden hier beispielsweise aus demselben Glas getrunken. Auf der Treppe hoch zum Kamin, in dem das Feuer lodert, riecht es nach frischen Trüffeln, die großzügig in einem Körbchen liegen und auf ihre Pasta warten.

Bitte verpassen Sie zum Schluss nicht das köstliche Dessert aus Ziegenricotta und Honig. Serviert von einer hübschen Signorina, sympathisch und offen wie alle im Team. Unbedingt frühzeitig telefonisch vorbestellen!

---

14 Osteria Acquacheta Adresse: Via del Teatro, 22, 53045 Montepulciano Tel: 0039 0578 717086 Internet: www.acquacheta.eu Öffnungszeiten: Montag, Mittwoch – Sonntag 12.30 – 15.00 Uhr und 19.30 – 22.30 Uhr, Dienstag Dienstag und vom 15.01. – 15.03. geschlossen

☞ Bistecca Fiorentina

Das Bistecca Fiorentina kommt von den weißen Chianina-Rindern. Sie werden mit etwa 1 ½ bis 2 Jahren geschlachtet. Oft wird das Fleisch, wie im Acquacheta bei Giulio, noch zwei bis vier Wochen zur Perfektion gelagert. Ein opulentes, 7 cm dickes Steak wird 5-7 Minuten außen und am Knochen auf beiden Seiten über der sanften Glut eines Holzkohlefeuers so gegrillt, dass es innen roh bleibt. Danach wird es mit feinstem, häufig jungem Olivenöl beträufelt, mit Salz, frisch gemahlenem Pfeffer und bisweilen auch frischen Kräutern gewürzt. Ein klassisches Bistecca Fiorentina kann mehr als ein Kilo wiegen, so dass bisweilen zwei oder drei Personen von einer Portion satt werden. Fragen Sie vorher nach dem Gewicht! Der Preis pro Kilo liegt im Restaurant bei ca. 40 Euro.

☞ Caffè Poliziano

Ein Tag in der bezaubernden, kleinen Renaissancestadt Montepulciano beginnt auf wundervolle Weise mit einem guten Cappuccino in dem traditionsreichen Caffè Poliziano, das seit 1868 besteht und inzwischen eine Institution ist. In den Vitrinen gibt es Süßes und Salziges. Doch verpassen Sie nicht die einmalig gute *Schiacciata* aus Olivenöl aus eigener Produktion. Sie ist sicher eine der besten in der Toskana. An der Theke können Sie spontan einen Espresso trinken oder es sich in den großzügigen, ruhigen Salons mit einem Buch gemütlich machen. Mittags gibt es auch einen Lunch light, abends verwandelt sich das Caffè dann in eine Bar. Es gibt also keinen Grund mehr, das geliebte, ja schon fast Kaffeehaus, irgendwann einmal verlassen zu müssen.

Adresse: Via Voltaia del Corso, 27/29, 53045 Montepulciano
Tel: 0039 0578 758615, Internet: www.caffepoliziano.it
Öffnungszeiten: Täglich 7.00 – 24.00 Uhr

IL GIARDINO DI
DANIEL SPOERRI

Von dem kleinen Ort Seggiano kommend in Richtung Pescina biegt man linker Hand ab. Nach ca. 600 Metern erreicht man den „Giardino di Daniel Spoerri". „Il Paradiso", wie dieses Landstück auf älteren Karten genannt wird, liegt an den Hängen des Monte Amiata, der höchsten Erhebung in der südlichen Toskana. Nadelwälder, Olivenhaine, Obst- und Kastanienbäume und nach wilder Minze duftende saftige Wiesen wachsen in diesem prachtvollen 16 Hektar großen verwunschenen Garten. Daniel Spoerri hat diesen Park seiner Lebensgeschichte und seinen künstlerischen Freunden gewidmet. Ein Gesamtkunstwerk, welches seit 1997 als gemeinnützige Stiftung für die Öffentlichkeit zugänglich ist. Über 100 Werke von Spoerri und anderen bekannten Künstlern wollen entdeckt werden. Manche sehr leise, selbst Teil der Natur gewordene skurrile Wesen und Kuriositäten, einige unübersehbar monumental und sogar unüberhörbar, wie die Klangorgel von J. R. Soto am Eingang des Skulpturengartens. Unglaublich beeindruckend ist Spoerris Kreis der Einhörner, der „Nabel der Welt". Hier erschließt sich ringsum die traumhaft malerische Region, und man blickt direkt auf das antike Seggiano. Ein spannender und bezaubernder Garten, der neben der pflanzlichen Vielfalt mit einem großen Reichtum an künstlerischen Ideen inspiriert. Man staunt, schaudert, bewundert, erschrickt, träumt und genießt. Ein unvergessliches Erlebnis!

15 Il Giardino di Daniel Spoerri Adresse: Strada Provinciale Pescina 58038 Seggiano Tel: 0039 0564 950026 Internet: www.danielspoerri.org Öffnungszeiten: Ostern – 31. Oktober: Dienstag – Sonntag 11.00 – 20.00 Uhr (während der Sommerzeit kein Ruhetag) Eintritt: 10 Euro, ermäßigt 8 Euro

☞ Daniel Spoerri

1930 in Rumänien geboren und in der Schweiz aufgewachsen. Tänzer, Dichter, Philosoph, Regisseur, Objektkünstler, Gründungsmitglied der „Nouveaux Réalistes" und Begründer der „EatArt". Seine Erfindung des „Tableau-Piège" (Fallenbild) machte ihn international bekannt. Zusammen mit seinen Künstlerfreunden, wie z. B. Joseph Beuys, kredenzte Spoerri in seinem Düsseldorfer Restaurant essbare Werke und inszeniert sogar noch heute Künstlerbankette. Sein Buch „Topographie des Zufalls" darf als Grundlagenwerk der Objektkunst gelten. Ein beeindruckend rastloser Mann und Meister des Zufalls, den seine Neugierde stets antreibt und der seine Philosophie in seinen Arbeiten weitergibt. Im „Giardino" hat Spoerri die überbordende Natur mit seiner Philosophie und der Kunst aus den unterschiedlichen Handschriften zu einem spannenden Gesamtkunstwerk vereint, das nie „vollendet" ist, sondern stets weiter wächst, genau wie die Natur. Um nur einige beteiligte künstlerische Freunde zu benennen: Eva Aeppli, Jean Tinguely, Bernhard Luginbühl, Dieter Roth, J. R. Soto, André Thomkins, Roland Topor, Nam June Paik ...

☞ Übernachten im Giardino

Eines der Häuser des „Giardino" wurde 2002 zu einem Restaurant umfunktioniert. Hier kann man auf einer sonnigen Terrasse einfache toskanische Gerichte und auf Vorbestellung ganze Menüs zu sich nehmen. Außerdem stehen in der Villa vier geräumige Apartments zur Verfügung, teilweise mit traumhaftem Ausblick. Im Shop der Stiftung kann man Kataloge, Postkarten, lokale Produkte wie Wein, Kastanienmarmelade und das feine, aus den Oliven des Künstlergartens gepresste Olivenöl kaufen.

Adresse: Ristorante Albergo „Il Silene", Loc. 2 Giardino, 58038 Seggiano
Tel: 0039 0564 950805, Öffnungszeiten: Café ab 11.00 Uhr,
Restaurant ab 12.00 Uhr, Preise: Apartment 85 – 110 Euro pro Nacht

☞ Abbazia di Sant'Antimo

Bis zu zehnmal am Tag treffen sich die Mönche in der Abtei Sant'Antimo zu den Gebetszeiten in der Kirche und singen die liturgischen Funktionen als Gregorianischen Choral. Die schlichte Klosterkirche liegt einsam zwischen Olivenbäumen, Feldern und Wäldern unterhalb von Castelnuovo in einem malerischen Tal. Sie gilt als eines der am besten erhaltenen Beispiele romanischer Klosterbaukunst in Italien. Einige Löwen und Fabeltiere schmücken die romanischen Portale und Säulen aus Alabaster-Kapitellen, die den dreischiffigen, klaren Innenraum aus freundlichem und hellem Stein stützen. Die Kapitelle von Sant'Antimo gehören zu den wenigen Spuren aus der Zeit, in der die Franken in der Markgrafschaft Tuszien herrschten, nachdem Karl der Große das Langobardenreich erobert hatte.

Nachdem Sie sich mit einem Gregorianischen Choral eingestimmt haben, können Sie sehr schön auf den einsamen Pfaden der Mönche wandeln. Ein Weg führt von Siena nach Castelnuovo dell'Abate, ein anderer von Montalcino nach Castelnuovo dell'Abate. Sie können die Strecken natürlich abkürzen. Alle bieten schöne Blicke und einsame Landschaften, genau das Richtige, um meditativ innezuhalten.

Adresse: Località Sant'Antimo, 53020 Castelnuovo dell'Abate
Tel: 0039 0577 286300, Internet: www.antimo.it
Öffnungszeiten: Montag – Samstag 5.45 – 20.30 Uhr, Sonntag 7.30 – 20.30 Uhr
Besichtigungszeiten der Kirche: Montag – Samstag 10.15 – 12.30 Uhr
und 15.00 – 18.30 Uhr, Sonntag 9.15 – 10.45 Uhr und 15.00 – 18.00 Uhr

PODERE IL CASALE

Erst waren wir uns nicht sicher, da Orte, an denen größere Reisegruppen anzutreffen sind, nicht zu uns passen, doch die intensive, sympathische Schweizer Betreiberin mit Leidenschaft für Käseproduktion ist einfach so überzeugend und ansteckend, dass der Zweifel schnell aufgelöst war.

Auf der Podere Il Casale wird biologisch und mit natürlichen Methoden der Ziegen- und Schafskäse produziert und behandelt, was leider immer seltener ist. Hier zeigt sich, wer es wirklich ernst meint, denn die Gesetze machen es alles andere als leicht. Dazu braucht es eine Vision und den Glauben an den Wert eines guten Produktes, erzählt sie uns. Die Milch kommt von den eigenen Tieren und wird nicht dazugekauft, wie sonst oft üblich.

Auf dem Hof werden Kurse abgehalten, es gibt einen Hofladen und Sie können eine Führung mit Lunch buchen, aber auch nur mittags oder abends zum Essen kommen. Die meisten Zutaten kommen natürlich vom Hof. Allein die Käseplatte mit Schafs -und Ziegenkäse, dazu verschiedene Chutneys und Honig, ist einen Besuch wert. Am besten auf der Terrasse, wo man dabei den weiten Blick in die weichen Hügel der Crete genießen kann.

Wer tiefer einsteigen möchte, kann hier auch zelten und sogar auf der Farm mithelfen.

16 Podere Il Casale Adresse: Podere Il Casale 64, 53026 Pienza (Siena) Tel: 0039 0578 755109 Internet: www.podereilcasale.com Öffnungszeiten: 9.00 – 21.00 Uhr

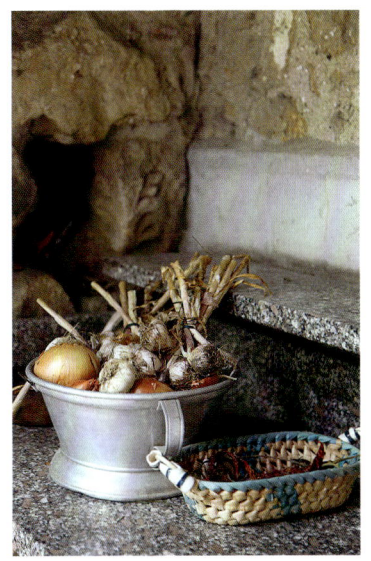

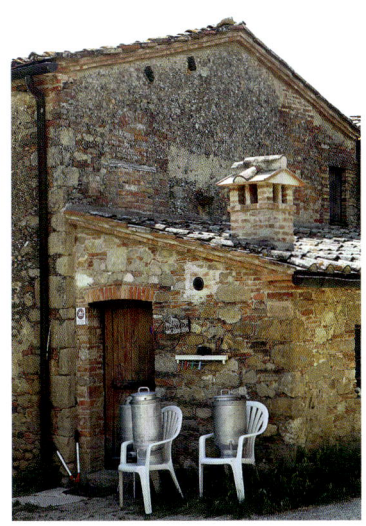

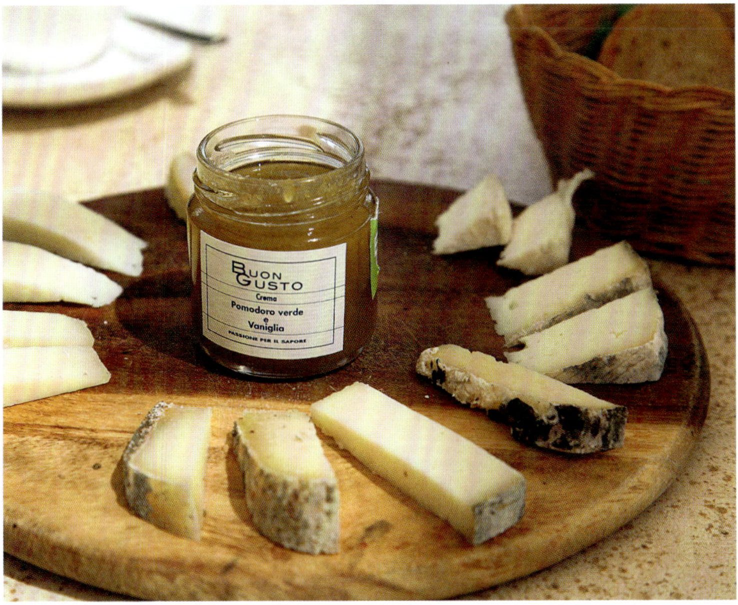
BUON GUSTO
Crema
Pomodoro verde
e
Vaniglia
PASSIONE PER IL SAPORE

☞ Casaficio Cugusi

Ein Abstecher zum Direktverkauf im Hofgut, auf dem die besten Pecorini der Region produziert werden. 1962 kamen Raffaele und Maria Cugusi aus Sardinien in die Toskana und begannen, ihren Pecorino herzustellen. 16 verschiedene Sorten finden Sie mittlerweile bei Cugusi im Angebot. Der Gran Riserva, der beste Pecorino, den wir bisher entdeckt haben, lagert je nach Umfang 20-22 Monate auf den Holzbrettern. Verpassen Sie bitte nicht den Ricotta, er ist einmalig, besonders mit dem dort verkauften Kastanienhonig. Cugusi ist übrigens auf der Slow-Food-Messe in Turin.

CUGUSI
GARANZIA
BIOLOGICO
AMAB
MIELE
AGRICOLTURA BIOLOGICA
CASTAGNO
di Caprese Michelangelo

CACIOTTA FRESCA

☞ La Toraia

La Toraia ist ein Geheimtipp für „bistecca alla fiorentina"-Freaks in der süd-
toskanischen Prärie und für die Gegend definitiv ein Statement. In dem alten
Farmhaus für Rinderaufzucht reihen sich heute Tische aneinander, die aus auf
den ehemaligen Futtertrögen montierten Glasplatten bestehen. Dadurch erhält
der Gast einen Blick auf die alten Bestände der Farm. Ein gelungener Kontrast.
Die Kühe sehen Sie bei der Anfahrt auf den anliegenden Grundstücken frei und
glücklich grasen. Es gibt ein paar vegetarische Gerichte, doch lohnt sich der Weg
nur, wenn man das Chianina-Rindfleisch in allen Variationen genießen möchte.

Adresse: 53048 Tenuta La Fratta, Loc Sinalunga, Tel: 0039 0577 678204
Internet: www.latoraia.com, Öffnungszeiten: Samstag – Sonntag
12.30 – 15.00 Uhr, Mittwoch – Sonntag 19.30 – 22.00 Uhr

☞ La Bandita Townhouse The Townhouse Caffe

Ein schöner Platz um mit frischem Geist und Mut die Toskana neu zu denken.
Pienza allein ist schon einen Besuch wert. Noch runder wird dieser mit einem
gut gewählten Ziel zum Essen, dem Caffe des La Bandita Townhouses. Es ist ein
modernes Hotel mit schönen Räumen, die stylish und designorientiert auf den
Gast wirken. Ein krasser Kontrast zu dem alten Dörfchen. Doch nur ein Besuch in
dem modernen Restaurant des Hotels ist auch erfrischend. Es gibt eine leichte
Küche mit einer großen Auswahl an Gemüsevarianten, aber auch Lieblingsklas-
siker vom Chianina-Rind wie ein „Edelburger" und ein Tartare aus eben diesem.

Adresse: Corso il Rossellino 111, 53026 Pienza, Tel: 0039 0578 749005
Internet: www.la-bandita.com, Öffnungszeiten: Dienstag – Sonntag Lunch,
täglich Frühstück und Dinner

BAGNO VIGNONI – ZAUBERHAFTE TOSKANA AUF ENGSTEM RAUM

Bagno Vignoni ist eine ruhige, beschauliche Version der Toskana als Mikrokosmos. In dem poetischen verträumten Ort finden Sie auf engstem Raum alles, was Sie brauchen. Übernachten können Sie in den schönen Zimmern der Locanda del Loggiato, essen in dem gleichnamigen Restaurant nebenan. Für den kleinen Hunger bietet der Weinladen La Bottega di Cacio alles, was das Herz begehrt, und in der sympathischen Buchhandlung ums Eck findet sich Reiseliteratur für Ihre Ausflüge (Wanderungen durch die Toskana!). Hinter der Piazza Moretto, an der Stelle, an der man den zentralen Platz des Städtchens vermuten könnte, erstreckt sich das große, rechteckige mittelalterliche Thermalbecken. Da es unter Denkmalschutz steht, darf man leider nicht mehr darin baden, doch das dampfende 51 Grad warme Wasser verzaubert auch so den geschichtsträchtigen Ort.

Bagno Vignoni liegt im Val d'Orcia Nationalpark an der heutigen Europäischen Kulturstraße, die als ehemalige Pilgerroute „Via Francigena" Canterbury und Rom verband. Schon die Römer und Etrusker kannten und nutzten das heilende Wasser. Papst Pius II. ließ sich im 15. Jahrhundert hier eine Villa errichten, die heilige Katharina von Siena, der Medicifürst Lorenzo il Magnifico und viele andere verbrachten gerne ihre Zeit hier. Der berühmte Film „Nostalghia" von Tarkowski wurde teilweise an diesem pittoresken Ort gedreht.

17 Bagno Vignoni

👉 Weinbar La Bottega di Cacio

Für ein Glas Wein mit Käse finden Sie gleich unter dem Hotel die Weinbar La Bottega di Cacio. Charmant liegt sie am Platz und ist auch gleichzeitig ein kleiner Gemischtwarenladen, in dem Sie Kleinigkeiten kaufen können. Egal ob Kaffee, Wein, Wasser oder Aperitif, hier finden Sie zu jedem Getränk auch noch den passenden Snack.

Adresse: Piazza del Moretto, 53027 Bagno Vignoni
Tel: 0039 0577 887477, Internet: www.labottegadicacio.it
Öffnungszeiten: Mittwoch – Montag: August 11.00 – 21.00 Uhr,
April – Oktober 11.00 – 19.00 Uhr, November – März 11.00 – 17.00 Uhr,
Dienstag sowie Mitte – Ende Januar geschlossen

☞ Il Loggiato und La Locanda del Loggiato

Das kleine Bed & Breakfast hat seinen ganz eigenen Charme. Die fünf Zimmer sind einfach, aber stimmig eingerichtet, mit schönen Wandfarben und alten Eisenbetten. Das Il Loggiato gehört zu dem schräg gegenüber liegenden Restaurant La Locanda Il Loggiato.

Adresse: Piazza del Moretto, 30, 53027 Bagno Vignoni
Tel: 0039 0577 888925 oder 0039 335 430427, Internet: www.loggiato.it
Preise: DZ ab 90 Euro inkl. Frühstück

DURCH DAS CHIANTI

Die Bilderbuchlandschaft der Toskana liegt im Chianti. Zwischen Siena und Florenz erstrecken sich die berühmten Weinberge und sanften Hügel, malerische Zypressenalleen, Ölbaumpflanzungen und Sonnenblumenfelder, aber auch Steineichenwälder mit Wildschweinen, Pilzen, Lorbeer und Erdbeerbäumen. Als wäre das nicht schön genug, thronen größere und kleinere Burgen, Festungen und Schlösser auf den Hügeln. Vom 12. Jahrhundert an wurden sie in die charakteristischen Landsitze und Villen der Toskaner umgewandelt. An der Burgenstraße, der Strada dei Castelli del Chianti, reihen sie sich hübsch aneinander. Dazwischen stehen Klöster, Dörfer, Städtchen, große Güter und kleine Gehöfte.

Die schönen kleinen Städte im Chianti sind berühmter für ihren Wein, den mit dem schwarzen Gockel, als für ihre Architektur, Kunst oder historischen Heldentaten. Weltberühmte Weinanbaugebiete des Chianti Classico liegen um Radda, Castellina und Gaiole herum. Im Herzen des Chianti liegt Greve, das touristische Musterörtchen mit der von hübschen Arkaden und vielen Lädchen gesäumten dreieckigen Piazza Matteotti. Hier findet im September die Weinmesse statt, und das ganze Jahr über können Sie vom Olivenholzbrett über Wein bis zur guten Salami von Faloni alles kaufen, was sich Toskanatouristen wünschen. Planen Sie genug Zeit ein, denn in den hohen Bergen ziehen sich die Strecken oft unerwartet lang hin.

CASANUOVA

LOCANDA CASANUOVA

Ulla und Thierry haben in Figline verwirklicht, wovon viele ihrer Generation träumten: Sie haben sich südlich der Alpen ein kleines Paradies geschaffen mit einer offenen, lichtdurchfluteten Küche, einem Garten mit Zitrusfrüchten, Kräutern und Gemüse, einem sich regenerierenden Schwimmteich, eigenen Reben und Olivenhainen. Die Möbel haben Ulla und Thierry auf den toskanischen Flohmärkten aufgelesen oder sie selbst entwickelt und dann gebaut. Die toskanische Küche spielt im Casanuova eine zentrale Rolle. Wer Lust hat zuzuschauen oder kochen zu lernen, die Signora aus der Nachbarschaft gibt ihre Erfahrungen gerne weiter. Das sonnengereifte Gemüse stammt aus dem hauseigenen Biogarten. Selbst das Wasser ist vom eigenen Brunnen, der Wein vom eigenen Weinberg. Beim Frühstück bestechen die Kräutertees aus dem Garten, ein ausgefeiltes Müsli – da liebt man doch den nordischen Einfluss – und die frisch gebackenen Kuchen. Abends kommen alle Gäste zu einem festlichen Menü an den großen Tischen zusammen. Gemeinsam helfen Sie beim Tischdecken und Abräumen, so lernen sich alle schnell kennen. Da hilft es, dass eigentlich alle deutsch sprechen. Italienisch lernen Sie hier nicht, und auch ein Candlelight Dinner zu zweit wird nicht sehr intim bleiben. Dafür schwärmen abends alle Gäste von den Ausflügen, den neuen Freunden, der Landschaft und dem guten Essen.

18 Locanda Casanuova Adresse: Via San Martino Altoreggi, 52 50063 Figline Valdarno Tel: 0039 055 9500027 Internet: www.casanuova.info Preise: DZ ab 79 Euro inkl. HP

VILLA BORDONI

Die Villa Bordoni ist ein Kleinod. Sie ist ohne Auto nur für Profis zu erreichen. Wer aber einmal den Weg gefunden hat, will hier in der Regel nie wieder weg. Jedes auch noch so winzige Detail wurde in dieser Landhausvilla aus dem 16. Jahrhundert mit viel Liebe und Geschmack nach einem schlüssigen Konzept gestaltet: von den handbedruckten Wänden bis hin zum verwunschenen Pool. Das Design hebt sich von anderen Hotels in der Toskana deutlich ab. Dazu genießen Sie die Schönheit der hügeligen toskanischen Landschaft und eines Restaurants, in dem Sie Stunden verbringen möchten.

Falls Sie die Villa Bordoni doch noch einmal verlassen wollen, befinden Sie sich mitten im Herzen des Chianti: In wenigen Minuten sind Sie in Greve und schnell in Panzano. Nach Siena und Florenz ist es gleich weit, etwa 30 km, da bräuchten Sie ca. 40 Minuten.

Die Betreiber des 2006 neu eröffneten Hotels sind keine Neulinge. Ihnen gehören in Florenz zwei sehr erfolgreiche Restaurants: das Baldovino und das Beccofino. Die Erfahrung ist im besten Sinne in ihr Hotel eingeflossen. Obwohl es in der Toskana, gerade im Chianti, ein breites Angebot an Hotels gibt, hält in dieser Preisklasse keines mit der Villa Bordoni mit.

19 Villa Bordoni Adresse: Via San Cresci 31/32, Loc. Mezzuola, 50022 Greve
Tel: 0039 055 8546230 Internet: www.villabordoni.com
Preise: DZ ab 170 Euro inkl. Frühstück

☞ Villa Le Barone

Die Schwägerin des Filmemachers Luchino Visconti, die Duchesse Visconti, eröffnete 1976 die Villa Le Barone. Anfangs gab es lediglich neun Zimmer mit insgesamt vier Bädern, dafür aber eine Farm für eigene, lokale Produkte. Noch immer wird im Restaurant das Fleisch aus der eigenen Landwirtschaft zubereitet. Mittlerweile verteilen sich 28 Zimmer über die herrschaftlichen Gebäude in dem großzügigen Garten. Aus ästhetischen Gründen gibt es Fernseher nur auf Wunsch: Sie gehören für die Hoteliers einfach nicht zu dem alten Mobiliar. Der Frühstückssaal und das Frühstück sind noch ausbaufähig, was die Bedürfnisse zeitgemäßer Ernährungsideen anbelangt. Der wunderschön angelegte Garten mit Blick auf das Kloster San Leolino und die Weinberge entschädigt das aber schnell. Ein beschaulicher Ort, um zu sich zu kommen, die Tage mit Lesen am Pool zu verbringen oder auf dem Tennisplatz ein Spielchen zu wagen. Platz genug ist für alle da.

Adresse: Via San Leolino, 19, Panzano in Chianti, 50022 Greve in Chianti
Tel: 0039 055 852621, Internet: www.villalebarone.com
Preise: DZ ab 195 Euro inkl. Frühstück

ANTICA MACELLERIA
CECCHINI

Dario Cecchini ist in seiner Heimat berühmt wie ein Fussballstar. Als er im Jahr 2010 heiratete, kamen sie alle aus dem Chianti, um dem Paar ihre Hochachtung zu erweisen. Worin liegt der Zauber seiner Persönlichkeit? Dario Cecchini verkörpert Gastfreundschaft pur. Mit der himmlischen *Burro del Chianti,* einer Creme aus Lardo-Speck, trifft er mitten in das Glückszentrum der Einheimischen und Touristen. Jeden Tag streicht er sie mit all seiner Leidenschaft für die toskanische Küche auf Bruschetta. Bei so viel Hingabe zum Gast konnte es nicht bei der Fleischerei allein bleiben. Vor einigen Jahren eröffnete er über der Antica Macelleria ein Restaurant, in dem es den berühmten MacDario gibt, einen Burger ganz nach Darios Art: Dicke Scheiben Bistecca, die von dem berühmten Chianina-Rind stammen, werden an langen Tischen und vor den Augen der Gäste über dem offenen Feuer auf den Punkt gegrillt. Innen ist das Fleisch noch roh und dank Darios köstlicher Gewürzmischung wird ein Fest der Sinne daraus. Rohe Gemüse als Antipasti sorgen für einen frischen Ausgleich. Herrlich, dass Dario jeden Tag persönlich hinter der Theke seiner Macelleria steht und für das Wohl seiner Gäste sorgt. Abends wird es dann lebendig. Dario lädt zu Rotwein und Lardo-Broten in die Macelleria ein, und alle ziehen dann zufrieden in die Nacht.

20 Antica Macelleria Cecchini Adresse: Via XX Luglio, 11, 50020 Panzano Tel: 0039 055 852020 Internet: www.dariocecchini.com
Öffnungszeiten: Lunch: Montag – Samstag 12.00 – 15.00 Uhr,
Officina della Bistecca: Tägl. Lunch um 13.00 Uhr, Dinner tägl. um 20.00 Uhr,
Solociccia: Via Chiantigiana, 5, Lunch tägl. um 13.00 Uhr, Dinner tägl.
um 19.00 Uhr und um 21.00 Uhr (Tel.: 0039 055 852727)

☞ Lardo – il burro del Chianti

Das besondere am Lardo ist, dass der fette Rückenspeck von Landschweinen, die aus den Apuanischen Alpen kommen, mit vielen Kräutern wie Rosmarin, Salbei und unzähligen Gewürzen in einer Salzlake eingelegt wird, um dann etwa sechs Monate in Marmortrögen zu reifen. Die Mischung aus Kräutern und Gewürzen gehört in Colonnata zu den bestgehütetsten Geheimnissen in den Kellergewölben, in denen der Speck in die Marmorgefäße gepresst wird. Guter Lardo ist makellos schneeweiß, nimmt höchstens innen eine leicht rosige Färbung an. Gelblicher Lardo dagegen ist ranzig! Ein echter Lardo di Colonnata entfacht ein ganzes Feuerwerk an Aromen. Serviert wird er beispielsweise in hauchdünnen Scheiben auf Bruschetta oder Crostini als Antipasti.

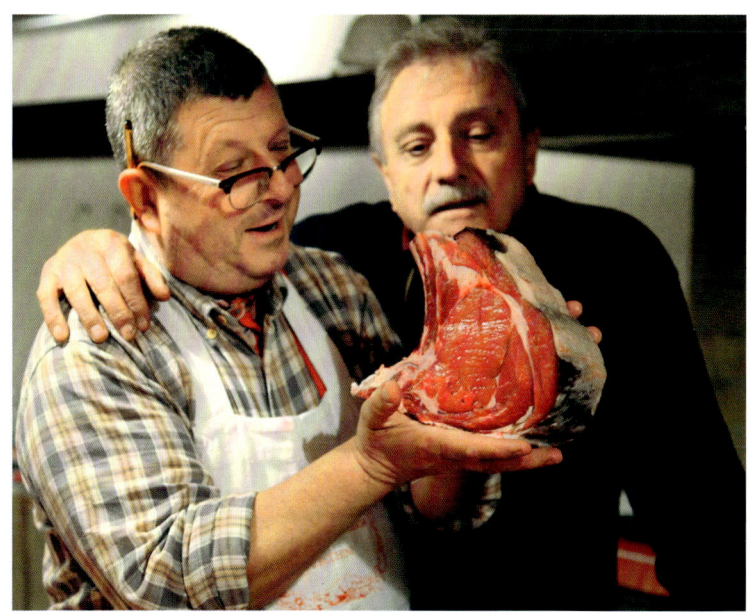

LA BOTTEGA

Gina und Carla sind begnadete Köchinnen. Was Sie hier essen, vergessen Sie nie. Es ist wie das Lieblingsessen Ihrer Kindheit: Sie werden in Gedanken in Ewigkeit mit der Toskana verbunden sein. Am schönsten ist es im Sommer auf der Terrasse unter den Bäumen. Den Parkplatz werden Sie schon nach dem ersten Bissen nicht mehr wahrnehmen. Versprochen. Zur Trüffelzeit dürfen Sie sich auf keinen Fall die *Tagliatelle con Tartufo* entgehen lassen. Diese Pasta, mit schwarzem Trüffel zubereitet, ist unvergesslich. Die haus-gemachten Ravioli, gefüllt mit Spinat und Ricotta, ganz schlicht mit Butter und Salbei, sind ebenfalls kaum zu übertreffen. Typische Gerichte einer ein-fachen Bauernküche wie *Fagioli e Salsicce,* Bohnen mit Wurst, schmecken hier köstlich. Vor allem auch das *Pollo alla Cipollata,* fast süßlich mit Zwie-beln zubereitet, ist einmalig aromatisch. Für ein süßes Ende sorgt die Torta di Cioccolata oder ein Gläschen Vin Santo, das wunderbar mit Cantucci har-moniert. Das exzellente Essen und die fairen Preise werden nur noch von Gina selbst getoppt. Wenn sie lacht, geht die Sonne auf – alles kommt bei ihr aus tiefstem Herzen. Die Kochkünste haben sich mittlerweile auch beim Hochadel herumgesprochen: Im Herbst 2010 kam die niederländische Königin zu den gastronomischen Königinnen Volpaias. Eines ist gewiss: Alle kommen wie-der, sobald sie in der Toskana sind.

21 La Bottega Adresse: Piazza della Torre, 1, 53017 Volpaia – Radda
Tel: 0039 0577 735602 Internet: www.labottegadivolpaia.it
Öffnungszeiten: Mittwoch – Montag 13.00 – 15.00 Uhr und
19.00 – 21.00 Uhr, Dienstag geschlossen

Ein Gespräch mit Gina Barruci
Besitzerin des La Bottega

Was ist Ihre Philosophie?
Ich gebe meine Leidenschaft und meinen Humor in die Küche, denn ich liebe meine Arbeit und viele der Gäste sind Freunde von mir. Eigentlich sind wir wie eine große Familie.

Wo bekommen Sie Ihre guten Produkte her?
Oriano, mein Mann, ist für das Gemüse zuständig, hält den Kontakt zu den Zulieferern und die Schweinswürste, die macht er selbst.

Und wie verteilen sich die Aufgaben zwischen Ihnen und Ihren Töchtern?
Carla, meine ältere Tochter, kümmert sich um die Gäste und um die Karte. Ich bin für die Küche zuständig, koche oder helfe der Köchin beim Herstellen der frischen Pasta und beim Zubereiten der alten toskanischen Rezepte, die aus meiner Familie kommen. Paola hingegen kümmert sich um unsere Weinbar Bar-Ucci, die gegenüber liegt. So hat jede eine Aufgabe, die sie erfüllt.

Wo kommt der köstliche Vin Santo her?
Den macht eine Freundin von uns. Sie produziert nur sehr wenig davon, denn der Vin Santo braucht viele Trauben und viel Zeit. Zu dieser aufwändigen Herstellung sind nicht mehr viele in der Lage oder bereit. Das ist wirklich echter Vin Santo, der aus den Rebsorten Trebbiano und Malvasia besteht und nicht vergleichbar ist mit dem, was zum Teil als Vin Santo verkauft wird.

☞ Bar-Ucci

Am kleinen Platz in Volpaia gibt es eine Kirche und die beiden Lokale der
Familie Barucci. Gegenüber von der Bottega gehört Ginas Tochter Paola eine
Weinbar, die Bar-Ucci. Hier bekommen Sie zu jeder Tageszeit bis 21.00 Uhr
eine Kleinigkeit zu essen und einen Cappuccino oder ein Gläschen Wein.
Volpaia liegt am Pilgerweg nach Rom. Die Familie Barucci besitzt schon seit
300 Jahren das Recht, Unterkunft und Essen anzubieten. Das Versorgen von
Reisenden liegt ihnen im Blut und kommt von Herzen. Von Volpaia aus können
Sie schöne Spaziergänge nach Lusignano machen. Einfach in der Bar fragen.

Adresse: Piazza della Torre, 9, 53017 Volpaia – Radda
Tel: 0039 0577 738042, Internet: www.bar-ucci.it
Öffnungszeiten: Dienstag – Sonntag 8.00 – 21.00 Uhr,
Montag geschlossen

TRATTORIA DI'SOR PAOLO

Orte wie die Trattoria di'Sor Paolo weiß jeder Toskanareisende im touristischen Chianti schnell zu schätzen. Alles, was für authentischen Charme steht, fügt sich hier wunderbar zusammen. Der sympathische Besitzer Mario Ciattini verkörpert seine Trattoria mit den bunten Fliesen, den liebevollen Details, der herrlichen Terrasse und anspruchsvollen Küche überzeugend vom Scheitel bis zur Sohle. Seit 21 Jahren kümmert er sich um die Küche, in der alle Produkte von der Pasta bis zu den Cantucci selbst produziert werden. Ein Familienbetrieb, dessen Name von Marios „nonno", seinem Großvater Paolo, stammt. Die Tische, alte Nähmaschinen mit Marmorplatten, erzählen von Marios Wurzeln, er war früher in der Lederverarbeitung tätig.

Verpassen Sie nicht das *Pollo alla Brace,* ein würziges Huhn, für das Mario berühmt ist. Einheimische kommen an lauen Sommerabenden aus allen Teilen der Toskana, um es in großen Runden und auf der weitläufigen Terrasse miteinander zu teilen. Trotz des großen Reklameschildes, das für das Restaurant wirbt, ist es noch immer ein Geheimtipp.

22 Trattoria di'Sor Paolo Adresse: Via Cassia per Firenze, 40, 50026 San Casciano in Val di Pesa Tel: 0039 055 828402 Internet: www.trattoriadisorpaolo.it Öffnungszeiten: Täglich 12.00 – 14.30 Uhr und 19.30 – 22.30 Uhr

☞ Auch zum Übernachten

Übrigens: Im Sor Paolo können Sie auch übernachten und dazu jeden Abend auf der schönen Terrasse der Trattoria essen. Es gibt neun Zimmer, die im klassischen Chianti-Style eingerichtet sind, aber etwas seelenlos und wie aus einem Andenkenladen zusammengewürfelt wirken. Sie haben definitiv nicht den Charme der Trattoria, aber die Lage ist ein perfekter Ausgangspunkt in alle Teile der Toskana, da sie auch nicht weit von der Schnellstraße Florenz – Siena entfernt sind.

Adresse: Via Cassia per Firenze, 40
50026 San Casciano in Val di Pesa
Tel: 0039 055 8294665
Internet: www.hoteldisorpaolo.it
Preise: DZ ab 120 Euro inkl. Frühstück

VON CARMIGNANO BIS COLLE VAL D'ELSA

Schon im Mittelalter kosteten die Rotweine aus dem Weinanbaugebiet Carmignano angeblich ein Vielfaches mehr als andere Weine. Der köstliche Dessertwein Vin Santo kommt aus Carmignano. Cantuccini, die harten Mandelkekse, werden in den Vin Santo getaucht und als Dessert sehr geschätzt. Er wird aus den Rebsorten „Trebbiano toscano", „Cannaiolo Bianco" oder „Malvasia del Chianti" gekeltert und reift mindestens drei Jahre, bevor er ausgeschenkt oder verkauft werden kann. Sie können hier angesehene Weingüter besuchen, und einen Besuch der Villa Medici von Artimino mit einem ausgiebigen Lunch im Delfina verbinden.

Das Val d'Elsa mit der schweren roten Erde, den Viehweiden, kleinen Wäldchen und vielen landwirtschaftlichen Betrieben spielte wegen der Lage zwischen Pisa, Florenz, Siena und Empoli schon immer eine wichtige Rolle für den Handel in der Region, für Industrie, Gewerbe und Landwirtschaft. San Gimignano, das Manhattan des Mittelalters, mit den berühmten Geschlechtertürmen und dem intakten mittelalterlichen Stadtbild, ist ein ewig anstrengender Touristenmagnet und liegt gleich um die Ecke. Hier wachsen auch die Safran-Krokusse, die im Herbst als „Gold" von San Gimignano geerntet werden und Höchstpreise erzielen.

Noch ganz unberührt ist die Gegend zwischen San Miniato über Montespertoli und weiter nach Colle Val d'Elsa. Eine Autofahrt hier gehört mit zu den schönsten Routen. Sie streifen kleine verlassene Dörfer und Häuser auf sanft geschwungenen Hügeln mit Blick in die weitläufigen Täler.

FATTORIA
BARBIALLA NUOVA

Abtauchen und mal ein ganz anderes Leben führen. Davon träumen wir doch alle. Der Farmer Guido Manfredi und sein internationales Team auf der Fattoria Barbialla Nuova leben diese Vision mit Herz und Seele und teilen sie ganz authentisch mit ihren Gästen. Nichts wirkt hier aufgesetzt. Sie können sich für eine Woche oder länger in einem der schönen Apartments einmieten und pures ökologisches Landleben genießen – mit glücklichen Chianina-Rindern flirten, über das 500 Hektar große Gelände wandern oder radeln, wilde Tiere beobachten und, wenn die Saison es zulässt, Trüffeltouren machen.

Einmal in der Woche kocht Maria Teresa aus dem Nachbarort für alle Gäste, die sich auf die verschiedenen Farmhäuser verteilen und sich dazu an einem großen Tisch am Haupthaus versammeln. An allen anderen Tagen kann man sich im Hofladen Lo Spaccio mit ökologischen Köstlichkeiten eindecken, sie am eigenen Herd zubereiten oder eine eigene Meisterschaft im Bisteccagrillen am eigenen Kamin ausrufen.

Die Fattoria erinnert ein wenig an eine Farm, wie man sie aus Südafrika oder Australien kennt. Das liegt an der endlosen Weite, die sie umgibt und vielleicht auch an den beiden Australiern Amy und Ken, die sehr präsent sind. Ein so schönes Versteck, das gleichzeitig Keimzelle für eine biodynamisch ausgerichtete Community ist, die sich in der Gegend immer mehr ausbreitet.

23 Fattoria Barbialla Nuova Adresse: Via Casastrada, 49, 50050 Montaione
Tel: 0039 335 1406575 Internet: www.barbiallanuova.it
Preise: ab 500 Euro pro Woche, je nach Größe und Saison

☞ Trüffelsuche

Zur Trüffelzeit im Herbst ist es ein besonderes Erlebnis, Francesco und seinen Hund Bobby zu begleiten. Die Gegend um San Miniato gehört zu den be-
kanntesten Trüffelregionen Italiens und es ist eine herrliche Erfahrung, sie
zu durchstreifen. Francesco zieht jeden Tag für drei bis vier Stunden am Bach
entlang und durch die Wälder, denn die weißen Trüffel sind eine wichtige Ein-
nahmequelle für die Fattoria. Das Obskure dabei ist, dass, obwohl Francesco
ein so gekonnter Trüffelsucher ist, er sie selbst nicht besonders gerne mag –
sein Hund Bobby dafür umso mehr. Und wenn man nicht aufpasst, kann auch
ein Trüffel mal schneller verschwinden, als man denkt.

VILLA IL POGGIALE

Die Villa Il Poggiale ist wunderschön und entspricht dem Bild des toskanischen Renaissance-Palais, das jeder im Herzen trägt. Die perfekt proportio-
nierte Loggia, getragen von schlanken Säulen, ist ein architektonisches Juwel
und lädt zum stundenlangen Lesen und Plaudern ein. Im Vorgarten, umsäumt
von uralten Zypressen und Pinien, kann man hier und da einen endlosen Blick
auf die weichen Hügelketten der Toskana werfen. Darüber hinaus, und das ist
wirklich nicht oft in der Toskana zu finden, ist die Villa auch in jeder Hinsicht
schön und stimmig eingerichtet. In den herrschaftlichen Salons, von denen
einige sogar mit Fresken ausgemalt sind, und in den 19 Gästezimmern geben
Antiquitäten den Ton an, und hin und wieder ergänzen auch ein paar orienta-
lische Accessoires das Bild.

Im Garten zwischen alten Rosenstöcken und umgeben von Olivenhainen sorgt
ein Pool für Erfrischung. An kühlen Tagen können Sie sich in den Wellness-
Bereich zurückziehen und mit Anwendungen aus Olivenöl, Weintraubenscha-
len und Zitronen pflegen lassen.

Das Haus ist Slow Food verbunden und bezieht seine Produkte wie beispielsweise den Käse von kleinen Anbietern aus der Region. Genauso wie den Wein
von dem berühmten Gut Villa Antinori, zu dem die Besitzer des Il Poggiale
einen engen Kontakt pflegen.

24 Villa Il Poggiale Adresse: Via Empolese, 69,
50026 San Casciano in Val di Pesa
Tel: 0039 055 828311 Internet: www.villailpoggiale.it
Preise: DZ ab 159 Euro inkl. Frühstück, HP ab 28 Euro pro Person

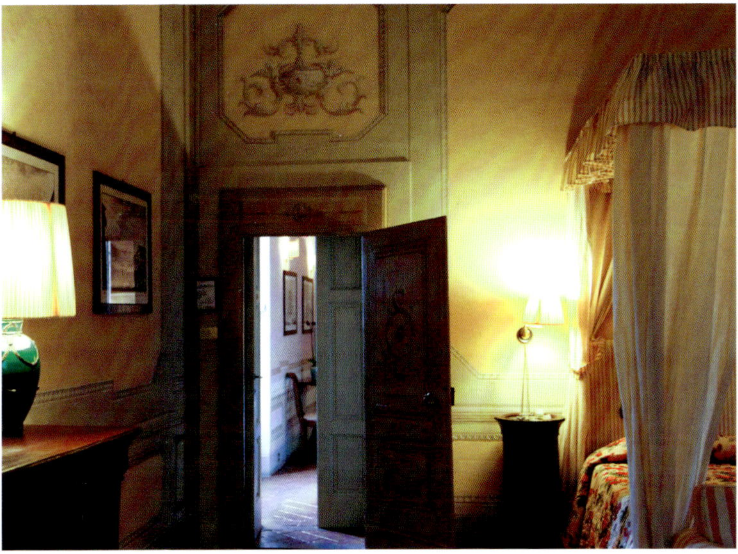

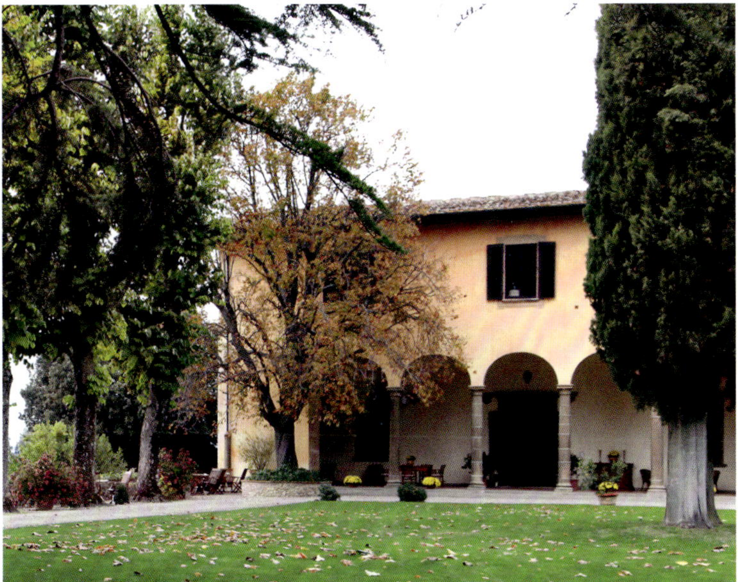

DA DELFINA

Mit einem perfekt gegrillten Bistecca Fiorentina auf dem Teller können Sie den Blick auf die Medici-Villa La Ferdinanda schweifen lassen. Das Da Delfina ist eines der berühmtesten Restaurants in der Toskana. Die traditionelle toskanische Küche wird von Carlo Cioni auf den Punkt genau zubereitet. Er macht die beste Ribollita der Region, einen toskanischen Gemüseeintopf. Die Pasta ist toll und die Fleischküche unübertroffen. Das Da Delfina ist berühmt für seine deftigen Saucen. Sie köcheln bis zu zwei Tage zu einer Geschmacksexplosion heran. Aromatisch ist auch der toskanische Spieß: Das Schweinefleisch wird mit vielen Kräutern und Salz eingerieben und mit Weißbrotscheiben gegrillt. Die Karte wechselt im Takt der Jahreszeiten. Im Herbst sind die grünen Tomaten mit überbackenen Trauben eine umwerfende Erfahrung. Carlo Cioni hat all dies von seiner Mutter Delfina gelernt, von der er in den 50er-Jahren das Restaurant übernommen hat. Er ist ein Gastronom alter Schule, der von Tisch zu Tisch geht und leidenschaftlich erklärt, wieso jedes Gericht genau so und nicht anders zubereitet werden muss. Bei alten Freunden setzt er sich auch mal auf einen Plausch dazu und überlässt seinem liebenswerten Team, das schon seit Jahren mit dabei ist, für eine kleine Pause die Bühne. Danach rundet ein Spaziergang zur Medici-Villa den Tag ab. Der mit Zypressen gesäumte Weg auf dem Grat bietet einen herrlichen Blick in beide Täler.

25 Da Delfina Adresse: Via della Chiesa, 1, 59015 Artimino
Tel: 0039 055 8718074 Internet: www.dadelfina.it
Öffnungszeiten: Dienstag – Sonntag 12.30 – 14.30 Uhr und
20.00 – 21.45 Uhr, Montag geschlossen

Grüne Tomaten mit Trauben

2 Personen

Dieses alte, toskanische Bauerngericht half den Leuten ursprünglich im Herbst, im Gemüsegarten aufzuräumen. Die vom Sommer übrig gebliebenen, grünen Tomaten wurden mit den ersten reifen Weintrauben zu einem leckeren kleinen Gericht verarbeitet.

Es geht ganz einfach und schnell: Die letzten festen, grünen Tomaten des Jahres, die nicht mehr rot geworden sind, werden zuerst in Scheiben geschnitten und in Olivenöl kurz angebraten. Dann werden sie mit dem Olivenöl, den Trauben, dem Traubensaft und einem Klecks Tomatensauce in einer feuerfesten Form im Ofen bei mittlerer Hitze überbacken.

4 grüne Tomaten
Olivenöl
Salz
helle Weintrauben
1/2 Glas Traubensaft (frisch gepresst oder hochwertiger Saft aus dem Bioladen)
etwas Tomatensauce

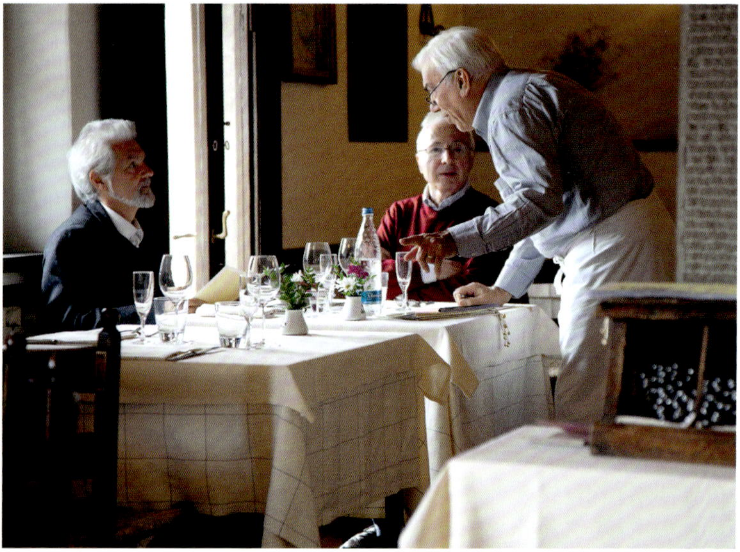

Barco Reale
di Carmignano
Ambra

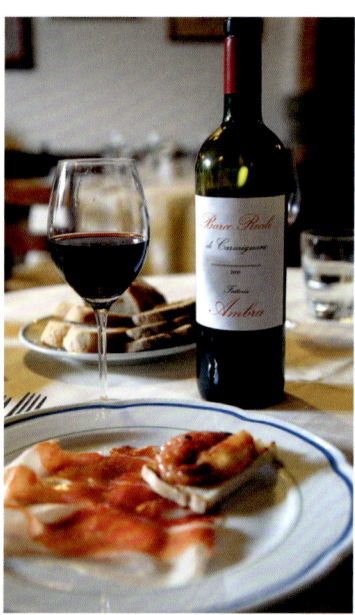

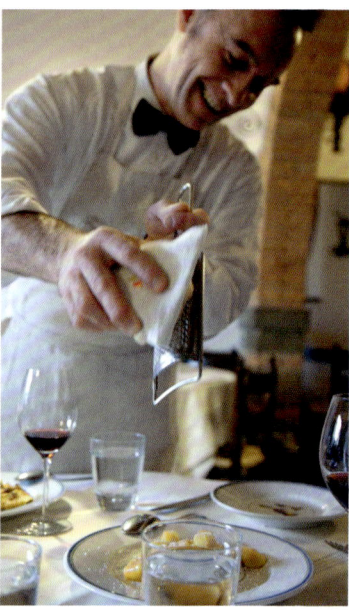

☞ San Vito

Nicht weit vom Da Delfina entfernt liegt das San Vito, ein biologisches Weingut und ein sehr guter toskanischer Olivenölproduzent. In herrlicher Lage zwischen Montelupo und Artimino und in einer Gegend, die touristisch wenig erschlossen und noch sehr authentisch ist, können Sie die Produkte direkt auf dem Anwesen kaufen und dort auch übernachten. Vermietet werden geschmackvoll eingerichtete Apartments, die auf verschiedene Häuser zwischen den Hügeln verteilt sind. Eine gute Wahl, vor allem wenn Sie nur wenig Zeit haben. Von hier aus können Sie herrliche Spaziergänge in die malerische Umgebung machen.

Adresse: Via San Vito, 59, 50056 Montelupo
Tel: 0039 0571 51411, Internet: www.san-vito.com
Öffnungszeiten: Montag – Samstag 9.00 – 18.30 Uhr
Preise: DZ ab 130 Euro

BONANNI

Mit dem Bonanni ist es wie mit guten Pilzplätzen: Wer sie entdeckt, passt normalerweise auf, dass niemand sonst davon erfährt. Wir machen eine Ausnahme. Beim Eintreten fällt einem gleich der unverfälschte, gemütliche Speisesaal auf. Viele Details sind in über 60 Jahren kaum verändert worden. Bis auf den letzten Platz sind alle Tische mit Stammgästen besetzt und alles ist wie eine Bühne hell erleuchtet. Dies ist die „Bühne" von Maurilio, dem Sohn von Mauro, der es liebt, von Tisch zu Tisch zu ziehen und die Tageskarte mit einem tiefen Bass seinen Gästen vorzuschmettern. Das vergisst man nie. Der Vater Mauro schneidet indessen das Brot, füllt den Wein in die Karaffen, schreibt die Rechnung, natürlich in Lire, was immer einen kleinen Schreck bei den Zahlenden auslöst, aber dann doch in letzter Minute mit einem alten Taschenrechner zurechtgerechnet wird. Mittags hört Mauro gerne mit seinem uralten Kofferradio am Ohr Fußball, wozu er sich lässig im Türrahmen postiert. Die Königin der Küche, und eine der besten Köchinnen der Toskana, ist Marisia, die Tochter von Mauro. Sie kocht so gut, dass besonders ihre Pasta al Cinghiale (Wildschweinsauce) als lebenslängliche Sehnsucht in einem jeden fortleben wird. Das Risiko sollte man dennoch eingehen und einen wirklichen Grund zurückzukehren braucht doch jeder. Unversucht sollten aber auch auf keinen Fall die Linguine mit Trüffeln, die Pasta mit Spargelcreme, das Bistecca Fiorentina und die Rosticiana (gegrilltes Fleisch) mit weißen Bohnen bleiben.

26 **Bonanni** Adresse: Via Turbone, 9, 50056 Montelupo
Tel: 0039 0571 913477 Internet: www.osteriabonanni.it
Öffnungszeiten: Dienstag – Sonntag 12.00 – 14.00 Uhr und 20.00 – 22.00 Uhr,
Sonntagmittag und Montag geschlossen

Ein Gespräch mit Mauro
Familienoberhaupt der Bonannis

Was war zuerst da: Bonanni oder der kleine Ort Turbone?
Schon Turbone. Bonanni wurde von meinem Großvater Tito als Alimentari (Lebensmittelladen) 1920 gegründet. 1985 entschied sich mein Vater, die Küche weiter auszubauen. Am Anfang kochte Zia Fosca, und später hat es meine Tochter Marisia übernommen.

Dann gibt es schon vier Generationen Bonanni?
Und die fünfte sauste gerade hier durch. Mein Enkel interessiert sich bis jetzt nicht so, ganz anders als meine Kinder damals. Da verändert sich gerade viel in Italien. Ma, vediamo!

Mauro, wie schafft deine Familie es seit vier Generationen, die nächste Generation zum Weitermachen zu begeistern? Gab es nie den Wunsch genau das Gegenteil der Eltern zu machen?
Wir haben sie nie dazu angehalten. Maurilio hat in Montelupo in einem Restaurant Service gelernt. Er hat es selber entschieden und seit einigen Jahren arbeitet er bei uns. Meine Frau und ich hätten ihn auch etwas anderes machen lassen.

Gab es mal ein Zögern oder Unterbrechungen?
Meine Frau hat eine Zeit lang ausgesetzt. Marisia, meine Tochter, hat erst einen anderen Beruf gelernt. Sie fing mit 30 Jahren an, die Küche zu übernehmen. Es gab Zeiten, da mussten wir auch noch woanders arbeiten, und abends haben alle geholfen. Da keiner gekocht hat, habe ich Crostini und Salumi gemacht und dazu Vino al banco ausgeschenkt. Aufgeben wollte ich es nie.

Von wem sind eigentlich die Wandmalereien?
Sie wurden 1993 von Pier Giovanni Staderini, einem Künstler aus Montelupo, gemacht.

GASTRONOMIA

Venerdì
21 Marzo 2008   **VII**

La trattoria Bonanni su una guida tedesca

Bonanni diventa internazionale. La trattoria di Turbone (Montelupo), nata nel 1920 come alimentari, è stata inserita in una prestigiosa guida tedesca su Firenze insieme a ristoranti di grande fama. Come Cibreo e Coco Lezzone e alberghi di lusso come l'hotel Torre di Bellosguardo.

Per questo la famiglia Bonanni, con in testa Mauro e poi i figli Maurilio e Marzia, è stata premiata da Slowfood a Bologna. E poi è stata invitata anche in Germania a produrre dal vivo le proprie specialità. «Le cose grandi si cercano spesso in posti semplici - si legge nella guida della collana Suddeutsche Zeitung - ci si concentra sulla sostanza. La sala della trattoria Bonanni, conosciuta anche come "Capouomo" - non potrebbe essere più bella. Tanti dettagli rimasti uguali da sessanta anni sono stati mantenuti con cura e mai cambiati. La luce è semplice e chiara, tutti mangiano come su un palcoscenico con

Maurilio Bonanni con la moglie a Bologna per il premio di Slowfood

Maurilio nel ruolo di attore principale. Il padre Mauro taglia il pane e scrive il conto. Naturalmente sempre in lire, spaventando sempre il cliente, per poi convertire in euro solo all'ultimo minuto». «L'altra figlia, Marzia, una delle migliori cuoche della Toscana - si legge ancora - cucina talmente bene che le sue pappardelle di cinghiale

creano una dipendenza a vita. Vale la pena di correre questo rischio perché tutti noi abbiamo bisogno di una buona ragione per tornare in Toscana. Anche le linguine con il tartufo, la pasta con crema di asparagi, la bistecca fiorentina, la rosticciana, come gli spinaci si imprimono a fuoco nella mente di ogni vero goloso».

C'ERA UNA VOLTA

Es gibt Gerichte, die vergisst man einfach nicht. Und dazu gehören die mit einer Anchovis-Paste gefüllten Salbeiblätter, die Paolo Pucci, Besitzer, Koch und Cameriere in einer Person, frittiert. Es sind die besten der Toskana, doch nicht nur für sie fährt man hoch hinauf in das kleine Dorf Lucardo zu Paolo. Denn seit sechs Jahren kocht er dort auch Slow Food nach Rezepten seiner Großmutter Dina und seiner Mamma Leda, und das ganz im Einklang mit der Saison. Im Frühjahr gibt es Gerichte mit jungem Gemüse und Zucchiniblüten. Im Herbst erwartet Sie ein traditioneller toskanischer Auflauf aus den letzten grünen Tomaten, denen die Sonne zur Reife fehlte, und den ersten Trauben – alles im eigenen Saft gebacken – oder Pasta mit einem wunderbaren Pesto aus Cavolo Nero, toskanischem Schwarzkohl. Dicke Nudeln mit einem guten Ragù alla Bolognese fehlen natürlich nie auf der Karte.

Im Sommer werden seine Köstlichkeiten auf der kleinen schmalen Terrasse mit einem einmalig weiten Blick in die Region geadelt. Im Winter mutet das C'Era una Volta etwas karg an, was auch an der etwas kühlen Beleuchtung liegt. Der guten Küche schadet das natürlich nicht, aber im Sommer auf der Terrasse wirkt es einfach runder. Besonders schön ist auch die Fahrt zu dem einfachen, aber guten Restaurant, die durch hügelige und unberührte Toskana-Natur führt.

27 C'Era una Volta Adresse: Via Certaldese, 3, 50025 Lucardo Montespertoli Tel: 0039 0571 669578 Internet: www.ristorante-ceraunavolta.com Öffnungszeiten: Täglich 12.00 – 14.00 Uhr und 19.00 – 22.30 Uhr, Dienstag nur Dinner

Frittierte Salbeiblätter
4 Personen

Für den Teig alle Zutaten in einer großen Schüssel mischen. Achten Sie darauf, dass der Teig gut flüssig ist.

Das Fett in einer Fritteuse oder einer hohen Pfanne erhitzen. Die Salbeiblätter am Stiel festhalten, in den Teig tauchen und im heißen Fett für ca. 3–4 Minuten frittieren und dabei regelmäßig wenden, bis der Teig eine goldene Farbe annimmt. Auf jedes frittierte Blatt einen Klecks Anchovis-Paste streichen und mit einem zweiten Blatt abdecken.

Eine weitere Spezialität auf der Karte sind die frittierten Gemüse (nach Wahl: Kürbis, grüne Tomaten, Aubergine, Zucchini). Gemüse wie oben beschrieben in den Teig eintauchen (ohne Anchovis-Paste) und goldgelb frittieren.

Für den Teig:
1 kg Mehl
12 Eier
kaltes Mineralwasser (Sprudel)
1 Prise Salz
Für die Füllung:
Große Salbeiblätter
Anchovis-Paste
Frittierfett

👉 Bar dell'Orso

Die Bar dell'Orso hält mit jeder Bar an der Rue Nationale in Frankreich locker mit. Direkt an der Straße gelegen bietet sie einen optimalen Zwischenstopp auf dem Weg von Colle di Val d'Elsa nach Siena von morgens bis tief in die Nacht. Der Laden brummt. Es gibt frisch aufgeschnittene Salami, Porchetta (Spanferkel), Schinken und Pecorino auf mit Packpapier gedeckten Tabletts und dazu jede Menge Rotwein oder Bier. Achtung: Wenn eine Live-Band spielt, kann es passieren, dass Sie Ihr Reiseziel aus dem Blick verlieren, weil Sie Lust bekommen, auf den Tischen zu tanzen. Und das Lokal kann Leben retten: Wenn Sie sich mit den Fahrzeiten verschätzt haben, bekommen Sie hier immer etwas zu essen, ja sogar auch warme Gerichte.

Adresse: Via Cassia Nord, 23, 53035 Monteriggioni
Tel: 0039 0577 305074, Internet: www.bardellorso.it
Öffnungszeiten: 5.00 Uhr – open end

FLORENZ – DIE WIEGE DER RENAISSANCE

Erhabener Renaissance-Geist pur, Kunst an jeder Ecke: Auf diesen Spuren strömen Tag für Tag Tausende von Besuchern in die Stadt. Eines ihrer ersten Ziele sind die unter der Leitung des berühmten Architekten Varesi erbauten Uffizien, in denen dank der Sammelleidenschaft der Medici eine der bedeutendsten Kunstsammlungen der Welt ausgestellt ist. Wer lebte und wirkte nicht alles in Florenz: Leonardo da Vinci, Michelangelo, Botticelli, Giotto, Machiavelli und viele andere. Bis zu seiner Vertreibung wohnte und arbeitete auch der berühmteste Dichter Italiens hier: Dante Alighieri, der mit der „Divina Commedia" das erste bekannte literarische Werk in italienischer Sprache schrieb. Florenz ähnelt in vieler Hinsicht seiner Dichtung: Die Museen, Kirchen, Palazzi, Märkte, Markthallen, Geschäfte und Cafés sind paradiesisch, die höllische Verkehrslage dagegen ähnelt einer göttlichen Komödie in allem, was an verpesteter Luft und Auspuffgasen zu einem Purgatorium gehört. Auf den schmalen Gehsteigen wird Ihre Geschicklichkeit teuflisch auf die Probe gestellt werden: Abwechselnd müssen Sie den Autos, Vespas oder anderen Touristen ausweichen. Die Uffizien könnten so paradiesisch sein, wären sie nicht so überlaufen, so höllisch sind die langen Schlangen, in denen Sie warten, bevor Sie auch nur ein einziges Gemälde der italienischen Renaissance zu sehen bekommen.

Unser Tipp: Nutzen Sie die frühen Morgenstunden, um das Florenz Ihrer Träume zu sehen, und wenn Sie kein Abenteuer scheuen, dann leihen Sie sich ein Rad aus, um sich elegant und flink durch das lebendige Verkehrschaos zu bewegen.

TRATTORIA DA RUGGERO

Hier essen Sie mit Einheimischen. Denn obwohl die Trattoria Da Ruggero eine bekannte Institution ist, verirren sich nur wenige Touristen hierher. Auch weil sie außerhalb der Stadtmauer von Florenz liegt. Dafür ist die Trattoria aber für jeden gut erreichbar, der mit dem Auto aus dem Chianti unterwegs ist und nicht in den Wahnsinn der Altstadt eintauchen möchte. Im Da Ruggero wird eine der besten *Pasta con ragù* serviert. Die Gerichte sind der Inbegriff alter toskanischer Küche, wie sie heute noch in den meisten Familien gepflegt wird. Zu ihr gehören Kaninchen, Steinpilze und im Herbst der berühmte *Insalata di Ovoli,* ein Salat mit roh gehobelten Pilzen, Zitrone und Petersilie. Er ist gesund und einfach köstlich. Das klassisch florentinische Restaurant ist durch und durch ein Familienbetrieb. Mutter Anna Ruggero hat es vor 30 Jahren mit ihrem Mann gekauft. Während sie selbst bedient, steht Sohn Ricardo in der Küche und am Abend kommt Tochter Paola hinzu, wacht über Vorspeisen, Desserts und Wein und springt nach Bedarf im Service ein. Die Liebe der Ruggeros zur traditionellen Küche fühlt man in jeder Geste, schmeckt man in den Gerichten und sieht man in den glücklichen Gesichtern der Gäste. Selbst beim Brot werden keine Kompromisse gemacht, es wird extra von „Antico Forno", der besten toskanischen Bäckerei aus San Casciano angeliefert. Mittags bekommen Sie auch mal spontan einen Tisch, abends müssen Sie reservieren.

28 Trattoria Da Ruggero Adresse: Via Senese, 89, 50124 Florenz
Tel: 0039 055 220542 Öffnungszeiten: Donnerstag – Montag
12.00 – 15.00 Uhr und 19.30 – 22.30 Uhr

TORREFAZIONE PIANSA

Ein besonders schöner Start in den Tag beginnt mit einem Cappuccino und einem Cornetto im Piansa. Die berühmte Torrefazione, eine Kaffeerösterei, liegt gut erreichbar an der Viale Europa, einem südlichen Vorort von Florenz. Die lichtdurchflutete Café-Bar mit der großen Theke und den vielen kleinen Tischchen ist der Treffpunkt der Einheimischen auf dem Weg zur Arbeit und berühmt für den besten Espresso und Cappuccino in der Gegend. Die Barista sind schon seit Jahren im Dienst und kennen alle kapriziösen Wünsche ihrer Stammgäste. Ob morgens, mittags zum Lunch, nachmittags für ein Millefoglie, übrigens eines der besten der Toskana, oder auch am frühen Abend und nach der Arbeit auf einen Sprizz Aperol, es ist immer rappelvoll und geht sehr lebendig zu. Alle Küchlein und „dolci" sowie die Panini sind aus der eigenen Produktion und so gut, dass eine Entscheidung wirklich schwer fällt. Kommen Sie einfach am nächsten Tag noch einmal wieder und probieren Sie sich nach und nach durch.

Einen kleinen Ableger hat die Torrefazione Piansa in Florenz selbst. In der Via Fra Bartolommeo, 48r, können Sie Köstlichkeiten genießen, mit denen kein Hotelfrühstück mithalten kann.

29 Torrefazione Piansa Adresse: Via Antonio Meucci, 1, 50012 Bagno a Ripoli, Florenz Tel: 0039 055 645774 Internet: www.caffepiansa.com Öffnungszeiten: Montag – Samstag 7.00 – 20.00 Uhr, Sonntag geschlossen

SAN MINIATO AL MONTE

San Miniato al Monte ist ein Juwel. Man weiß gar nicht, wohin man von der Piazzale Michelangelo aus zuerst schauen will: die steilen Stufen hoch auf die klare, schlichte und erhabene Fassade dieser großartigen romanischen Kirche oder hinunter auf die Stadt Florenz, die Sie von hier aus besonders schön überblicken. Wenn Sie sich an der Stadt und dem berühmten Inkrustationsstil der Florentiner Protorenaissance-Fassade aus weißem Carrara-Marmor und dunkelgrünem Serpentin satt gesehen haben, lohnt es sich, die Treppen hochzusteigen. San Miniato al Monte steht auf der höchsten Erhebung von Florenz und ist neben dem Baptisterium nicht nur die älteste, sondern auch eine ganz besondere Florentiner Kirche. Die Harmonie der dreischiffigen Basilika ist ebenso beeindruckend wie die Präzision der Steinbearbeitung, der mit Intarsien verzierte Marmorfußboden und die bemalte Holzdecke. Schauen Sie in der Sakristei vorbei, um sich die wunderbaren Fresken mit Darstellungen aus dem Leben des heiligen Benedikt anzusehen, steigen Sie in die Krypta zu den Gebeinen des heiligen Minus hinab und lassen Sie vor allem das Spiel der geometrischen Formen aus weißem und dunklem Marmor in aller Ruhe auf sich wirken. Es lohnt sich.

30 San Miniato al Monte Adresse: Via delle Porte Sante, 34, 50125 Florenz
Tel: 0039 055 2342731 Öffnungszeiten: Sommer: Täglich 8.00 – 19.30 Uhr,
Winter: Täglich 9.30 – 13.00 Uhr und 15.30 – 19.00 Uhr

SMART
TRAVELLING

GUT ZU WISSEN

Die Toskana ist groß, darum ist dieser Infoteil so klein. Hier erfahren Sie nicht alles und jedes, sondern genau das, was Sie für eine perfekte Woche brauchen. Wenige, aber genau die richtigen Informationen: Wissenswertes über die toskanische Lebensart, eine kleine subjektive Auswahl an Sehenswürdigkeiten, Spaziergängen und Tipps für Unternehmungen. Dazu eine Karte mit all unseren Lieblingsadressen, damit Sie nicht lange suchen müssen, sondern gleich anfangen können, die Toskana zu genießen.

EINE LANDSCHAFT, DIE SÜCHTIG MACHT

Die Toskana bringt alle zum Schwärmen mit ihren sanft geschwungenen Hügeln, dem klaren Licht, den silbrig schimmernden Olivenbäumen und den hoch aufschießenden Zypressen. Sie ist der Inbegriff einer Bilderbuchlandschaft. Doch auch so kann die Toskana idyllisch sein: ein verschmitzt aussehender Bauer in seinem kleinen, dreirädrigen Ape, eine Großfamilie sonntags in der Trattoria um eine Tafel versammelt, auf ihren Tellern duftet eine der aromatischsten Küchen der Welt. Das

Zusammenspiel der Weinberge, Olivenhaine, Zypressen und der auf sanften Hügeln gelegenen Städte, Höfe, Paläste und Burgen ist vielleicht nirgendwo so hinreißend wie hier. Selbst im Nebel hat die toskanische Hügellandschaft ihren Reiz oder vor allem auch nach einem Regenguss, dann ist das Licht gestochen scharf und frisch. Besorgen Sie sich eine gute Toskanakarte und schon können Sie mit dem Auto oder auf dem Fahrrad auf den kleinen Nebenstraßen große Entdeckungen schönster, harmonischer Natur machen. Wer genug Zeit hat, sollte unbedingt einmal wandernd in die Landschaft eintauchen. Wir haben für Sie Ausflüge und Abstecher zusammengestellt, die Sie in Ihrem Leben unbedingt einmal gemacht haben sollten.

PUPPENSTUBE DES PAPSTES ODER DIE UTOPIE EINER STADT: PIENZA

Einer der besten florentinischen Baumeister seiner Zeit, Bernardo Rosselino, durfte sich unter Papst Pius II. einen Architektentraum erfüllen: Er durfte die ideale Stadt der Renaissance entwerfen, die Utopie einer Stadt, ein vollkommenes städtebauliches Kunstwerk. Der Papst wollte im 15. Jahrhundert nämlich seinen Geburtsort, das kleine Dörfchen Corsignano, bedeutend aufmöbeln und nach humanistischer Stadtplanung zu einer idealen Stadt ausbauen: Pienza, die Stadt des Pius. Aufgrund des frühzeitigen Todes des Papstes wurden die Pläne zwar nur zum Teil umgesetzt, das Zentrum aber wurde mit der Piazza Pio II. und den vier Hauptbauten, dem Dom, dem Rathaus und zwei Palazzi vollendet. Von allen Seiten führen Straßen auf die bewusst asymmetrisch gehaltene, trapezförmige Piazza Pio II., deren Travertin-Brunnen vor dem Palazzo Piccolomini zum Vorbild für viele toskanische Brunnen wurde. Seit 1996 gehört Pienza zum Weltkulturerbe. Und wenn Sie erst einmal hier sind, sollten Sie unbedingt den typisch pienzanischen Pecorino „Cacio" probieren.

DAS WEISSE GOLD UND DIE ANARCHISTEN: CARRARA

Carrara ist die Stadt des Marmors und der Anarchisten. Nicht nur der Anarchistenkongress 1945 fand hier statt, nein, es gab auch ein Anarchistencafé, eine Anarchistendruckerei und einen Demonstrationsplatz. Zwei Drittel der Stadtbevölkerung leben vom Marmor, dem weißen Gold der Toskana. Schon die alten Römer bauten Marmor ab und nutzten ihn für ihre Tempelbauten. Berühmt wurde er durch Renaissance-Bildhauer wie Michelangelo. Vor allem seine David-Figur hat den makellos weißen Carrara-Marmor wieder überall bekannt gemacht. Er ist immer für Architekten interessant geblieben: Im Dom von Florenz, im schiefen Turm von Pisa, im Petersdom, aber auch in vielen modernen Gebäuden wurde er verarbeitet. Einige der Steinbrüche lassen sich besichtigen. Atemberaubend ist die Fahrt auf dem krummen Bergsträßchen nach Colonnata. In dem engen Tal eröffnen sich einem links und rechts Einblicke in größere und kleinere Steinbrüche, in denen bereits Michelangelo persönlich sein Material aussuchte. Auch Bildhauerwerkstätten und Schleifereien sind hier zu finden. Der Gioia-Steinbruch, der größte Steinbruch der Apuanischen Alpen, und weitere dreißig Steinbrüche sind in Betrieb. Werfen Sie auch einen Blick auf die Brücken der alten Eisenbahnstrecke, die errichtet wurde, um den Marmor besser abtransportieren zu können.

Claudia Cardinale treibt sich in Viscontis Film „Sandra – Die Triebhafte" in dem Palazzo der einflussreichen, alten Patrizierfamilie Inghirami in Volterra herum. Marcello Inghirami Fei war es auch, der das alte etruskische Kunsthandwerk in Volterra wieder aufgriff und 1791 in einem Nonnenkloster eine Alabasterschule und -werkstatt eröffnete, die Volterra endgültig zur Stadt des Alabasters machte. In weniger als zehn Jahren ließ er von Meistern aus aller Welt mehr als hundert Schüler ausbilden. In fast 250 Betrieben und kleinen Werkstätten arbeiten die Alabaster-Handwerker heute noch in Volterra. Schlendern Sie durch die Gassen des kleinen Städtchens und achten Sie auf das Klopfen und Schleifen.

Abtransportiert wird das mineralische Material aus Gruben, die etwa 20 Kilometer entfernt sind. Alabaster wird nicht wie Marmor in Steinbrüchen abgebaut, sondern beim Abschürfen der Erde gefunden. Die Schönheit des Alabasters besteht in der Zartheit, Zerbrechlichkeit, Transparenz und Weichheit des Steins. Das Material liegt fast eiförmig unter der Erde, wobei so ein Ei in der Regel zwischen 20 und 30 kg wiegt. In Volterra finden sich über fünfzig verschiedene Alabasterarten, darunter die beste Alabasterqualität, der weiße Statuenalabaster. Er ist rein, opal-bleich und fast durchsichtig.

Das kleine Dorf Colonnata, das sich trutzig an einen Felsvorsprung klammert, ist der ursprünglichste Ort der Marmorsteinbrucharbeiten. Das Sträßchen, das aus Carrara hinaufführt, endet jäh an der Piazza Palestro. Hier ist die normale Welt zu Ende, hier beginnt die Welt des Lardo di Colonnata, des einfach himmlisch schmeckenden, toskanischen Specks. Früher nährte der Marmor das ganze

Dorf, heute nährt das Dorf mit einer Kalorienbombe die Speckliebhaber in aller Welt. In den kühlen Felsenkellern der Häuser wird der Speck monatelang mit vielen Kräutern und Gewürzen in Marmorgefäßen eingelagert, bis er ein ganzes Feuerwerk an Aromen entfaltet. Probieren Sie ihn am besten gleich dort in der Locanda Apuana.

Locanda Apuana
Via Comunale 1
54033 Colonnata
Tel: 0039 0585 768017
www.locandaapuana.com
Dienstag – Samstag
13.00 – 14.30 Uhr
und 19.00 – 22.00 Uhr,
Sonntag 13.00 – 14.30 Uhr,
Montag geschlossen

AUF DEN SPUREN VON JAMES BOND: DIE BOTTINI IN SIENA

Die Plätze, Paläste und Gassen Sienas sind weltbekannt, aber kaum jemand ahnt, dass man in dem unterirdischen Wasserreservoir Sienas herumlaufen kann. Nur die James-Bond-Kenner dürften es wissen. Denn eine berühmte Verfolgungsszene in „James Bond 007 – Ein Quantum Trost" spielt in den Bottini, wie sie auf Italienisch heißen. Wer auf den Spuren von James Bond wandeln will, sollte also in Siena nicht nur die Piazza del Campo und den Campanile bewundern, sondern auch einmal in das unterirdische Labyrinth Sienas abtauchen.

Da es ziemlich schwierig ist, einen der wenigen Plätze einer Führung zu ergattern, sollten Sie sich so früh wie möglich mit den Leuten von La Diana in Verbindung setzen, die jene Führungen organisieren, die je nach Wasserstand vor allem im Frühjahr und Herbst stattfinden.

La Diana
Strada delle Fonti di Pescaia, 1
53100 Siena
Tel: 0039 366 3588181 oder
0039 4333888
www.ladianasiena.it

DIE ZYPRESSENALLEE DER TOSKANA: EIN AUSFLUG AN DIE RIVIERA DEGLI ETRUSCHI

Fahren Sie durch die berühmte Zypressenallee nach Bolgheri, in dieses kleine, verträumte Dorf, dessen Zypressen schon in Gedichten besungen wurden. Oder besser noch: Reiten Sie durch die Zypressenallee in Bolgheri ein. Das Dorf ist nämlich auch für seine Gestüte bekannt, in denen berühmte Pferde gezüchtet werden, weshalb es viele Reitwege gibt. Auch die Weine sind berühmt, am besten lassen Sie sich auf der Piazza Alberto gleich einen Bolgheri schmecken. Oder noch besser: Sie besuchen zwei Spitzenweingüter der Toskana, die beide in Bolgheri zu Hause sind, Le Macchiole und Tenuta dell'Ornellaia. Danach können Sie an den breiten Stränden der Marina di Bibbona schwimmen gehen oder einen Spaziergang am Meer machen. Oder Sie fahren ein paar Kilometer weiter an die Bilderbuch-Minibucht von Castiglioncello.

SONNENUNTERGÄNGE ANSEHEN WIE DER KLEINE PRINZ IM VAL D'ORCIA

Die Schönheit des Val d'Orcia ist mittlerweile berühmt: saftgrüne Hügel mit rotem Klatschmohn im Frühjahr, Sonnenblumenfelder und goldener Weizen im Sommer sowie die besonders sanft, warm und harmonisch wirkenden Schattierungen der lehmigen Hügel im Herbst und Winter. Wenige kennen aber den von der Natur angelegten Balkon unweit von Montepulciano, von dem Sie einen wunderbaren Blick auf den Sonnenuntergang haben. Falls Sie zur richtigen Tageszeit in der Nähe sind, sollten Sie sich unbedingt einmal auf diesen Balkon der Natur setzen. Sie müssen gar nichts weiter tun, die Magie kommt von ganz allein.

Nur wenige Kilometer südwestlich von Montepulciano parken Sie am besten direkt vor dem Gelände „Terre di Nano" und suchen sich dann ein schönes Plätzchen.

Weiter südwestlich in der Nähe von Abbadia San Salvatore gibt es übrigens noch einen spektakulären Aussichtspunkt auf einem Felsen, der einen Panoramablick über das Val d'Orcia bietet. Zwischen diesem Tal und dem Monte Amiata liegt auf demselben Felsen das Dorf Campiglia d'Orcia.

SCHWEBEN WIE JULIETTE BINOCHE

in landschaftlich wunderschöne Gegenden. Im Kloster selbst befinden sich die malerischen Deckenfresken, die Juliette Binoche als Hana im Film „Der englische Patient" zum Schweben brachten.

Allein schon die Strecke zum Kloster Sant'Anna in Camprena ist traumhaft schön. Probieren Sie unasphaltierte Nebenstraßen aus, Sie kommen

Anfahrt: Zwischen Pienza und San Quirico d'Orcia biegen Sie in eine kleine Straße ein, die nach Sant'Anna in Camprena führt.

WO DIE ZEIT STEHEN GEBLIEBEN IST

Vom Kloster Sant'Anna aus sollten Sie unbedingt einen Abstecher nach Lucignano d'Asso machen. Hier scheint die Zeit vor vierzig Jahren stehen geblieben zu sein. Im Sommer sitzen Sie unter einem großen Baum an langen Tischen, essen Käse, Wurst und Melone und trinken dazu ein Gläschen Wein. Eine alte Frau führt dort seit Jahrzehnten einen Alimentari. Allerdings sollten Sie beim Bezahlen aufpassen: Die alte Dame scheint über die Jahre nicht weniger geschäftstüchtig geworden zu sein ...

Alimentari Giannetti Eraldo Lucignano d'Asso, 29; 53020 San Giovanni d'Asso, Tel: 0039 0577 803109

Auf halbem Weg zwischen Florenz und Arezzo können Sie östlich einen wunderschönen Abstecher in die Berge machen. Auf steilen Pisten arbeiten Sie sich hinauf nach Gropina. Gropina ist ein sehr spezieller Ort. Eine Handvoll Feldsteingebäude stehen dort in einem Kreis angeordnet zwischen Olivenbäumen mit einer überraschend asymmetrischen, romanischen Kirche im Zentrum. In der Kirche selbst öffnet sich im Halbdunkel eine mittelalterliche Traumwelt mit Löwen, Adlern, Wölfen, dämonischen Monstern und einer Meeressirene. Genau das Richtige, um auf Entdeckungsreise zu gehen. Früher lag die Kirche am Pilgerweg nach Rom und war ein bedeutender Ort. Von hier aus haben Sie einen atemberaubenden Blick auf das Arnotal.

Pieve di San Pietro a Gropina
52024 Loro Ciuffenna, Arezzo
21. Juni – 21. September 9.00 – 19.00 Uhr, 22. September – 20. Juni 9.00 – 17.00 Uhr

DAS AUGE MICHELANGELOS

Eine kleine Kirche „San Martino alla Cappella" in Azzano, in der Nähe von Serravezza, heißt bei den Einheimischen „Das Auge Michelangelos". Diese Kirche steht an der alten Straße, auf der die Marmorblöcke aus den Steinbrüchen des Monte Altissimo, dem Herzen der Apuanischen Alpen, in die Ortschaften und zu den Häfen hinuntergebracht wurden. Der Legende nach hat Michelangelo eines Tages an diesem Ort aus einem Marmorblock die Rosette der Kirche gehauen, die deshalb auch „Occhio di Michelangelo" heißt. Ein schöner kleiner Abstecher an einen poetischen Ort.

Anfahrt: Von Serravezza aus halten Sie sich erst auf der Via Michelangelo Buonarroti, fahren dann auf die Via Monte Altissimo und schließlich auf der Via Martiri del Lavoro nach Azzano.

Das wunderschöne Kloster San Salvatore di Monte Amiata wurde bereits von den Langobarden im 8. Jahrhundert gegründet und war um das Jahr 1000 herum ein bedeutendes geistiges Zentrum und eine der reichsten Benediktinerabteien der Region. Das geschichtsträchtige Kloster dient auch als Ausgangspunkt für weitläufige Wanderungen in die herrliche Umgebung.

Via del Monastero, 28
53021 Abbadia San Salvatore
Tel: 0039 0577 777352

In der Nähe des Monte Amiata lohnt sich ein Abstecher in den kleinen Ort Santa Fiora. In der Kirche „La Pieve delle Sante Flora e Lucilla" sind wunderschöne Keramiken von Andrea della Robbia zu sehen. Mehr als Kunsthandwerk: Keramikkunst.

DIE FARBE ORANGE: BUDDHISTEN IN DER TOSKANA

scher Tempel eingeweiht: der Merigar Gompa. Seitdem kann man das ganze Jahr über in dieser Gegend Mönche in orangefarbenen Gewändern über die Hänge laufen sehen. Von den Mönchen erfahren Sie sicher auch, in welchem Restaurant der Dalai Lama in Arcidosso gegessen hat.

Nicht nur der Monte Labbro zieht spirituelle Menschen an, die vor allem in Sommernächten auf den über 1000 Meter hohen Gipfel pilgern, nein, auch weniger erhöht wurde 1990 vom Dalai Lama in der Nähe von Arcidosso ein buddhisti-

Comunità Dzogchen
Merigar West, Loc. Merigar
58031 Arcidosso
Tel: 0039 0564 966837
www.dzogchen.it

Villa Gamberaia

Westlich von Florenz liegt einer der schönsten historischen Gärten der Toskana. Der Park wurde im 17. Jahrhundert angelegt, im 19. Jahrhundert von der rumänischen Prinzessin Jeanne Ghyka neu gestaltet und ist unter Landschaftsarchitekten berühmt. Alle wesentlichen Elemente der italienischen Gartenkultur sind hier auf relativ engem Raum vereint. Vom Park aus haben Sie zudem einen schönen Ausblick auf Florenz und das Arnotal.

Via del Rossellino, 72
50135 Settignano
Tel: 0039 055 697090
www.villagamberaia.com

Fattoria di Celle

Die Toskana hat viel mehr als nur Renaissancekunst zu bieten: eine wunderschöne Sammlung zeitgenössischer Kunst an einem einzigartigen Ort sollten Sie sich in der Nähe von Pistoia nicht entgehen lassen. Der Textilgroßhändler Giuliano Gori stellt in seiner Villa Celle und in seinem etwa 20 Hektar großen Park eine mittlerweile bedeutende Sammlung aus. Installationen, die in den 70er-Jahren extra für die Documenta in Kassel angefertigt wurden, brachten Gori auf die Idee, Kunstwerke in Auftrag zu geben, die nicht unabhängig von Raum und Standort zu sehen sind, für den sie entstanden. Seit 1982 lädt er Künstler aus aller Welt dazu ein, mehrere Monate in seiner Villa zu leben, um dort ein Kunstwerk zu erarbeiten und es der Sammlung zu überlassen. Mittlerweile haben über 50 Künstler, darunter Stars der zeitgenössischen Kunst wie Robert Morris, Arbeiten aus den unterschiedlichsten Materialien für die Sammlung Gori geschaffen.

Via Montalese, 7
51030 Santomato di Pistoia
Tel: 0039 0573 479907
www.goricoll.it
Nur nach Anmeldung (mindestens fünf Wochen im Voraus) und nur im Rahmen von Führungen (3- bis 4-stündige Spaziergänge)

Parco Sculture del Chianti

Mit dem Skulpturenpark kommt die weite Welt und die Moderne ins liebliche Chianti: Stahlwürfel, Granitblöcke und rostige Spiralen fügen sich in die Bilderbuchlandschaft ein. Künstler aller Kontinente haben für Piero Giadrossi Kunstwerke geschaffen. Glasfiber, Aluminium, Bronze, Beton, Eisen und Neonröhren sind einige der Materialien, die der ländlichen Idylle ein überraschendes, interessantes Gesicht geben.

S.P. 9, Loc. la Fornace, 48/49
53010 Pievasciata
Tel: 0039 0577 357151
www.chiantisculpturepark.it
Täglich 10.00 Uhr bis Sonnenuntergang, von November bis März wird empfohlen, vor dem Besuch anzurufen

Il Giardino dei Tarocchi

Wer in der Nähe von Capalbio, Region Grosseto, vorbeikommt, sollte unbedingt ein paar Stunden Zeit im Tarotgarten von Niki de Saint Phalle verbringen. Dieser Skulpturengarten wurde von der inzwischen verstorbenen Künstlerin, teilweise unterstützt von ihrem Partner, dem Schweizer Künstler Jean Tinguely, liebevoll entworfen und gestaltet. Riesige, von innen begehbare, üppig monumentale, meist weibliche Figuren, mit Mosaiken und Spiegelsplittern, tanzen bunt glitzernd inmitten von Olivenbäumen, Korkeichen und Kräutern.

Es sind die 22 Gestalten der „Großen Arkana" (Trümpfe- und Schicksalskarten des Tarots), welche die weltberühmte Künstlerin auf ihre unverwechselbare Art zum Leben erweckt hat und welche dieses Stück Land in eine fantastische Sagenwelt verwandeln. Ein mystisch anmutender und gleichzeitig verspielt symbolhafter Garten, der den Besucher zum Träumen verführt.

Località Garavicchio
58011 Capalbio
Tel: 0039 0564 895122
www.giardinodeitarocchi.it
1. April – 15. Oktober:
Täglich 14.30 – 19.30 Uhr
Eintritt: 12 Euro, ermäßigt 7 Euro
Anfahrt: von der SS1 die Ausfahrt Pesia Fiorentina nehmen

Der berühmte kolumbianische Bildhauer Fernando Botero lebte zeitweise in Pietrasanta, in der Stadt der Bildhauer und Steinmetze. Dort sollten Sie unbedingt einen Blick in die Chiesa della Misericordia werfen, denn in der Kirche hat Botero auf die für ihn typische Art zwei Fresken gemalt: die farbenfrohe Darstellung von Himmel und Hölle. Eine so korpulente Maria bekommen Sie nicht alle Tage zu sehen.

BADESTELLEN

Parco Regionale della Maremma
Superschöner, naturbelassener Park mit herrlichen Sand- und Felsenstränden, vielen Wanderwegen und einigen mittelalterlichen Ruinen. Diese Strände liegen in der Nähe von Grosseto. Das Auto lassen Sie am Infocenter in Alberese stehen. Von dort aus bringen Busse Sie in den Park. Der Park ist ein riesiges Vogelschutzgebiet mit vielen Singvogelarten, Greifvögeln und Nachtvögeln. Angeboten werden geführte Wandertouren sowie Touren mit dem Kanu, zu Pferd, in der Kutsche oder mit dem Fahrrad.

Via del Bersagliere, 7/9
58100 Alberese
Tel: 0039 0564 407098
www.parco-maremma.it
Oktober – März 8.30 – 13.30 Uhr

Ende März – September
8.00 – 17.00 Uhr
Es werden nur geführte Wandertouren angeboten.

Parco Naturale Migliarino
San Rossore Massaciuccoli
Wer der dicht besiedelten Küste in Versilia entkommen will und etwas wildere Strände liebt, sollte ins Naturschutzgebiet Parco Naturale Migliarino San Rossore Massaciuccoli östlich von Pisa und südlich von Viareggio fahren. An der Mündung des Flusses Serchio sind Fischer, Wassersportler (Kitesurfen!) und vor allem Badende unterwegs, die an dem von Pinienbäumen und Steinkiefern eingerahmten breiten Strand liegen – vor der Bergkulisse der Apuanischen Alpen mit den Marmorsteinbrüchen. Wer etwas

Glück hat, kann sich Muscheln aus dem Sand sieben, um abends eine frische Pasta Vongole zu kochen.

Bagno Il Cavallone
Modern und ästhetisch sehr gelungen ist das Bagno Il Cavallone in Lido di Camaiore. Abends sollten Sie dann auf dem neuen Pier an der Promenade von Lido di Camaiore einen Aperitif trinken und den Blick von Portovenere bis nach Livorno schweifen lassen.

Viale Sergio Bernardini, 722
55041 Lido di Camaiore
Tel: 0039 0584 610554
www.bagnocavallone.it
Preise: je nach Personenzahl,
Komfort und Saison zwischen
30 und 60 Euro am Tag

Candalla und Malbacco
Wem es zu heiß geworden ist an den Stränden in Versilia, der kann sich ins Hinterland zurückziehen und die Füße ins kalte Wasser tauchen. An kleinen Flüsschen, die aus den Apuanischen Alpen ins Tal fließen, sind kleine, natürliche Pools entstanden. Sehr idyllisch ist die unterhalb von einer alten Mühle gelegene Badestelle Candalla in Camaiore. Ebenso schön ist der Naturpool Malbacco in der Nähe von Seravezza. Himmlisch, das kühle Nass kommt direkt aus den Marmorfelsen.

Candalla: Folgen Sie in Camaiore den Schildern zur Osteria Candalla, parken Sie dort, laufen Sie zu den Ruinen der alten Mühle und von dort sehen Sie schon die kleinen Wasserfälle.
Malbacco: Folgen Sie von Pietrasanta oder Forte dei Marmi kommend den Schildern nach Seravezza, dann denen nach Malbacco und parken Sie, sobald die Straße beginnt steiler anzusteigen. Danach laufen Sie hinunter zum Flüsschen.

Shiatsu in der Villa Undulna
Wer es lieber etwas privater hat, sollte sich in der sehr komfortablen Villa Undulna in der Nähe von Forte dei Marmi eine Wasser-Shiatsu-Session mit Samuel gönnen. Das Vergnügen dauert 50 Minuten und findet in warmem Thermalwasser statt.

Terme della Versilia
Hotel Villa Undulna, Viale Marina 191
54038 Cinquale di Montignoso
Tel: 0039 0585 807788
www.termedellaversilia.com
Täglich 9.00 – 19.00 Uhr
Preis: 95 Euro

Dank des vulkanischen Ursprungs des Monte Amiata gibt es rund um den Berg viele Orte mit mehr oder weniger versteckten Thermalquellen. Dazu gehören Saturnia, die weitläufigen Bademöglichkeiten in Petriolo, das berühmte Heilwasser im mittelalterlichen San Casciano Bagni und die Bagni di San Filippo. Cineasten dürfte das steinerne Becken in Bagno Vignoni aus einer eindrucksvollen Szene in dem Film „Nostalghia" von Andrei Tarkowski bekannt sein.

Eindrucksvoll und pittoresk sind die Travertin-Terrassen mit den vielen herrlichen Naturbadewannen und auch die Stalagtiten und Stalagmiten in den Bagni di San Filippo. Der Eremit San Filippo Benizi soll hier im 13. Jahrhundert in einer Grotte gelebt haben, die besichtigt werden kann. Die heißen Quellen gehören zu den ältesten, die je von Menschen auf der Welt genutzt wurden und bieten ein

kleines Naturschauspiel. Die Temperatur des Heilwassers liegt zwischen 35 und 52 Grad.

Das mittelalterliche San Casciano dei Bagni ist auch ein herrlicher Ort mit 42 Heilquellen und 43 Grad warmem Thermalwasser. Der Legende nach wurden die Bagni schon von den Etruskern gegründet und später auch von den Römern genutzt.

Saturnia galt in der Antike als älteste Stadt der italienischen Halbinsel: Der Jupitersohn Saturn soll dem Mythos nach hier gewohnt haben. Heute gilt sie zumindest als die erste etruskische Stadt Italiens. Schon allein deswegen lohnt sich ein Abstecher. Wären da nicht noch die berühmten Thermalquellen, schwefelhaltiges, 37 Grad warmes Wasser, das von den Hängen des Monte Amiata stammt. In Saturnia strömt es aus den Felsen. In der herrlichen Cascate del Mulino können Sie in den Naturbadewannen umsonst in das heilende Wasser steigen.

VON DER LIEBE ZUM ESSEN

Die toskanische Küche hat sich aus vielen guten Gründen kaum verändert. Die Produkte der Region sind von bester Qualität und die

Menschen haben großen Respekt vor ihrer tiefverwurzelten Tradition. Rezepte und kulinarische Erlebnisse bieten Tischkonversation für Stunden, selbst bei Kindern. Ausländischen Küchen wird ein gleichermaßen hartnäckiges wie gesundes Misstrauen entgegengebracht – auch der anderer italienischer Regionen. In der Toskana sind sie felsenfest davon überzeugt, dass keine Küche besser sein kann als die ihre. Auch wenn die Einheimischen sich damit um so manchen exotischeren Genuss bringen, wird man schnell zugeben müssen, dass die toskanische Küche wirklich ausgezeichnet ist.

Der Rhythmus der Natur bestimmt die Küche. Jede Jahreszeit hat ihre Gerichte. Daher sind die Zutaten alle so aromatisch. Sie kommen reif und frisch auf den Tisch: dann, wenn sie am besten sind. Im Frühjahr freuen sich alle auf den ersten wilden Spargel für eine *frittata di asparagi*, im August auf die ersten Steinpilze und im frühen Herbst auf die *uva fragola*, die Erdbeertraube, für eine süße Variante der *Schiacciata*, einer Art Pizza. Am sehnsüchtigsten warten jedoch alle auf das *olio nuovo*, das frisch gepresste Olivenöl, das Mitte November zu kaufen ist. Dann sitzen die Familien glücklich um den Tisch und tunken eine knusprige *Schiacciata* in das trübe, gelbgrüne Öl. Diesen Farbton vergisst man nie mehr.

IM WECHSEL DER JAHRESZEITEN

An den Marktständen sieht man immer wieder Schilder, auf denen „nostrale" steht. Dieses eine Wort allein drückt schon die Liebe für und den Stolz auf die eigenen Produkte aus.

Die Renner der Saison sind:

April: wilder Spargel
Mai: Erdbeeren
Juni: Artischocken

Juli: Tomaten, *pesca cotogna* (gelbe Pfirsiche)
August: Melonen, Steinpilze, Feigen
September: *uva fragola* (Erdbeertrauben), Steinpilze, Feigen
Oktober: Trüffel, Wein, *Schiacciata con uva* (süßes Traubenbrot), *vino novello* (neuer Wein)
November: Trüffel, *olio nuovo*, Kastanien, Granatäpfel
Dezember: Kaki, Schwarzkohl

Wenigstens einmal im Leben müssen Sie diese traditionellen Gerichte gegessen haben, die zur Toskana gehören wie die Weinberge und die hügelige Landschaft:

Bistecca Fiorentina

ist ein dick geschnittenes Steak vom Chianina-Rind, das über der Glut gegrillt wird. Alle Restaurants und fast jeder Haushalt in der Toskana haben ein offenes Feuer, allein schon, um eines dieser ungewöhnlich guten Steaks zu grillen (und nicht in der Pfanne zu braten). Wir haben es im vorderen Teil schon beschrieben: Die Steaks werden von beiden Seiten über der Glut relativ kurz gegrillt, sodass sie innen noch roh sind. Wer ein Bistecca Fiorentina länger gegrillt haben möchte, bringt sich um das halbe Geschmackserlebnis! Da der Geschmack so intensiv ist, könnte man meinen, dass eine spezielle Marinade im Spiel ist. Aber nein, nach dem Grillen wird das Steak meist nur reichlich gesalzen, gepfeffert und mit einem guten Olivenöl beträufelt, das war's. Ein „Muss" für jeden Fleischesser!

Crostini

heißen in der Toskana geröstete Brotscheiben. Sie fehlen auf keiner Karte und sind unter den Antipasti zu finden. Lecker sind auch *crostini* mit Steinpilzen, Lebercreme oder Olivenpaste. Die Einheimischen essen sie auch öfter mit weißen Bohnen.

Pappa al Pomodoro

ist eine Tomatensuppe mit aufgeweichtem Brot und einem Schuss kaltem Öl. Ursprünglich war es ein Essen der armen Leute, die aus Sparsamkeit den gekochten Tomaten altes Brot hinzufügten und das Gericht am Schluss mit etwas Öl verfeinerten.

Pasta al Cinghiale

ist eine Wildschweinsauce, die am liebsten mit Bandnudeln serviert wird. In den Wäldern der Toskana wurde schon immer leidenschaftlich gerne gejagt und Wild gehört in der Toskana im Winter immer mal wieder auf den Tisch. Ein Wildsugo macht ziemlich viel Arbeit, wahrscheinlich ist das auch der Grund, warum die Saucen außerhalb Italiens immer mit großen Fleischstücken gekocht werden. Doch eine solche Sauce hat nun wirklich rein gar nichts mit der feinen, faserigen Konsistenz der toskanischen Wildschweinsauce gemein.

gut zu frischem Ricotta, gekochtem Schinken oder Mortadella. Nach der Weinlese gibt es auch eine süßere Variante der Schiacciata mit Weintrauben, Zucker und Rosmarin.

Ribollita

ist eine deftige Mischung aus Gemüse, Schwarzkohl und Bohnen. In der Toskana bevorzugen sie manche eher als Eintopf, andere lieber fein püriert. Über das Gemüse wird ein Schuss Öl und geröstetes Brot gegeben. Das Gericht ist typisch für die kühlen Wintertage. In dieser Jahreszeit wird der bei uns ziemlich unbekannte Schwarzkohl geerntet.

Schiacciata

ist eine Art unbelegte, dickere Pizza mit einer Kruste aus Öl, Rosmarin und Salz. Nach dem Ausrollen des Teigs werden mit den Fingern Löcher hineingebohrt. Es ist das Schulbrot florentinischer Kinder und passt sehr

Tordelli oder auch Tortelli al ragù

sind große, selbst gemachte Teigtaschen mit einer kräftigen Fleischsauce. Die Teigtaschen werden entweder mit Spinat, Ricotta oder nördlich von Florenz, in Mugello, vor allem mit Kartoffeln gefüllt. In der Gegend von Lucca heißen die Teigtaschen dann nicht mehr Tortelli sondern Tordelli und werden dort mit Hackfleisch gefüllt.

WIR HABEN HUNGER, HUNGER, HUNGER: DIE ÖFFNUNGSZEITEN DER RESTAURANTS

Die streng eingehaltenen Öffnungszeiten in der Toskana können Reisenden das Leben schwer machen. Mittags um eins steht das Essen auf dem Tisch. Daher ist es wichtig, die Öffnungszeiten nicht ganz aus dem Auge zu verlieren. Fast alle guten Restaurants schließen mittags um 14.30 Uhr und abends oft schon um 22.00 Uhr. Da können Sie in der Regel bitten und betteln wie Sie wollen, selbst wenn Sie nur wenige Minuten zu spät sind: Die Küche ist und bleibt zu. Vor allem abends sollten Sie besser einen Tisch reservieren oder vom Hotel aus reservieren lassen.

WARUM DAS TOSKANISCHE BROT UNGESALZEN IST

Es dauert eine Weile, bis wir uns als Nord- und Mitteleuropäer an das salzlose toskanische Brot gewöhnen. Nach einiger Zeit aber lernen die meisten es sogar zu schätzen. Hinter der toskanischen Tradition verbirgt sich eine interessante Geschichte:

Als die Toskana noch eine Anhäufung von miteinander verfeindeten Stadtstaaten war, lieferte die am Meer gelegene Stadt Pisa das Salz. Die Florentiner mussten Pisa eine gepfefferte Salzsteuer bezahlen, der sie bald überdrüssig wurden. Also fingen sie an, ihr Brot ohne Salz zu backen. Aus dieser Zeit stammt auch der Spruch:

„Meglior un morto in casa che un Pisano alla porta."

Was so viel heißt wie: „Besser ein Toter im Haus, als ein Pisaner vor der Tür." Später hatten die Florentiner sich wohl so an ihr Brot gewöhnt, dass sie lieber die Saucen, Würste und den Schinken würziger machten, um die ausgewogene Mischung am Ende doch wieder zu erreichen. Berühmt ist das Brot aus der Antica Dolce Fornaria in San Casciano.

Barone Giovanni Ricasoli
Cantine del Castello di Brolio
53013 Gaiole di Chianti
Tel: 0039 0577 7301
www.ricasoli.it

Biondi Santi
Villa Greppo, 183
53024 Montalcino
Tel: 0039 0577 848087
www.biondisanti.com

Die Weingüter in der Toskana sind zahllos. Fast überall bekommen Sie ein gutes Glas Wein. Für die Chianti-Weine gibt es bekanntlich den schwarzen Gockel als Gütesiegel und seit 1984 strengere Bestimmungen für kontrollierten Ursprung: die DOC-Weine. Aber besuchen Sie auch die Weingüter. Wir haben Ihnen unter all den vielen, tollen Weingütern fünf Top-Adressen zusammengestellt:

Tenuta dell'Ornellaia
Località Ornellaia, 191 – Fraz. Bolgheri
57022 Castagneto Carducci
Tel: 0039 0565 71811
www.ornellaia.com

Le Macchiole
Via Bolgherese, 189
57022 Castagneto Carducci (LI)
Tel: 0039 0565 766092
www.lemacchiole.it

Icario, Via delle Pietrose, 2
53045 Montepulciano
Tel: 0039 0578 758845
www.icario.it

Biscottificio Antonio Mattei
Vin Santo ist ein sehr leckerer Dessertwein aus den Rebsorten Trebbiano und Malvasia in der Toskana.

Er ist *der* Dessertwein der Toskana. Nach dem Keltern reift er noch mindestens drei Jahre in Eichenfässern auf dem Dachboden. Berühmt sind die zwei DOC-Anbaugebiete: im Chianti das Colli dell'Etruria Centrale und südöstlich von Siena in der Gegend des Brunello di Montalcino das Val d'Arbia. Die meisten toskanischen Vin Santos legen keinen Wert auf einen DOC-Status.

Eine gute Flasche Vin Santo und Cantucci aus dem Biscottificio Antonio Mattei – und das Glück ist perfekt! Das Biscottificio mit dem schönen kleinen Laden sollten Sie unbedingt aufsuchen, falls Sie in der Nähe von Prato sind!

Via Ricasoli, 20, 59100 Prato
Tel: 0039 0574 25756
www.antoniomattei.it
Dienstag – Freitag 8.00 – 19.30 Uhr,
Samstag 8.00 – 13.00 Uhr
und 15.30 – 19.30 Uhr,
Sonntag 8.00 – 13.00 Uhr,
Montag geschlossen

EISLAUF IN DER SOMMERHITZE

Die Leute in der Toskana essen nicht gern auf der Straße, nur beim Eis machen sie eine Ausnahme. Das Angebot ist so gut, dass es Spaß macht, für jede Sorte die jeweils beste Eisdiele zu finden. In der Toskana gibt es keine Kugeln, sondern unterschiedliche Größen. Je nach Größe können Sie sich zwei bis vier Sorten aussuchen. Der beste Test, um sich in den vielen Gelaterien zurechtzufinden: immer das Pistazieneis prüfen. Ist es neongrün, sollten Sie einen großen Bogen um die Gelateria machen (die nächste dürfte nicht weit sein ...). Ist es grau-oliv können Sie sicher sein, dass es mit natürlichen Zutaten hergestellt wurde. Pistazieneis ist in der Herstellung teuer, daher sind manche Eisdielen hier am schnellsten geneigt, sich mit künstlichen Geschmacksaromen zu behelfen. In der Toskana gibt es unendlich viele, sehr gute Gelaterien.

Falls es Sie zwischen Florenz und Arezzo in die Berge verschlägt, dann denken Sie über einen Abstecher nach Loro Ciuffenna nach: Dort betreiben Slow-Food-Fans die Eisdiele „Cassia Vetus" in der Via Setteponti Levante, 18c.

In Versilia sollten Sie in Pietrasanta das „La dolce Vita" oder in Viareggio das „Nilo's" mal ausprobieren.

Wem es auf der Autofahrt von Arezzo nach Montepulciano zu heiß wird, für den haben wir einen besonders guten Tipp: Unweit des Autobahnkreuzes gibt es in dem schönen Städtchen Bettolle eine tolle Gelateria, die „Coco Palm".

DAS DILEMMA MIT DEN ÖFFNUNGSZEITEN

Die Öffnungszeiten in der Toskana können jeden Großstädter in den Wahnsinn treiben. Selbst in der größten Stadt der Toskana, in Florenz, bleiben montags die Modegeschäfte zu, am Mittwochnachmittag die Lebensmittelläden, und jeden Mittag schließen sowieso alle Geschäfte für drei bis vier Stunden. Wer versucht, den Italienern sein Leid zu klagen, erntet nur mitleidiges Schulterzucken. Wer kommt auch schon auf die Idee, sich mittags Brot kaufen zu wollen? Also shoppen Sie am besten am Vormittag, gehen dann mittags um eins irgendwo Essen, halten dann ein Mittagsschläfchen, gehen spazieren oder ins Museum, und ab 17.00 Uhr können Sie dann wieder unbeschwert durch die Geschäfte ziehen.

VON DER GEIGE ZUM KLEID: LUISA WABI

Die Geigerin Luisa Wabi legte ihr Instrument zur Seite, mit dem sie bereits Auftritte in der Arena von Verona gefeiert hatte, und wandte sich den Stoffen zu. In den ehemaligen Stallungen des Palazzo Piccolomini hat sie sich ein wunderschönes Atelier eingerichtet. Dort stellt sie sehr schöne Bettwäsche her, Tischtücher und schlichte Jerseykleider. Falls Sie in Pienza sind, sollten Sie unbedingt mal vorbeischauen.

Luisa Wabi di Luisa Ferrari
Via Gozzante 65, 53026 Pienza
Tel: 0039 0340 7895703

Qualiterbe
Hier finden Sie wirklich alles rund um die intensiv duftenden und schmeckenden Kräuter der Toskana – und zwar direkt aus dem Laboratorium! Von Körperölen und Lotionen über Tees, Konfitüren bis hin zu medizinischen Tinkturen und Produkten.

La Rotta, 122a
58017 Pitigliano

Tel: 0039 0564 619417
www.qualiterbe.it
Montag – Freitag 9.00 – 13.00 Uhr
und 15.00 – 18.00 Uhr

MÄRKTE

Auch wenn es schmerzt, all die frischen, guten Zutaten nicht gleich in den Kochtopf werfen zu können, sollten Sie sich einen Bummel über einen der toskanischen Märkte auf keinen Fall entgehen lassen – allein schon wegen der Gerüche und der Atmosphäre.

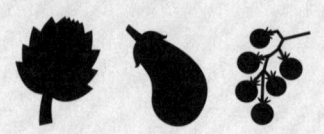

Mercato di Sant'Ambrogio
In Florenz etwa macht es Spaß, einmal über den Mercato di Sant'Ambrogio zu schlendern. Am besten fangen Sie den Tag mit einem Frühstück im Café Cibrèo an und bummeln dann frühmorgens, noch vor neun, an den Ständen vorbei. Wer genug Mut mitbringt, sollte dort ein „Lampredotto"-Brötchen probieren, mit Rindermagen in einer Spinatsauce. Verkauft werden sie beispielsweise in der Via dei Macci aus einem kleinen grünen Ape.

Piazza Ghiberti
Florenz
Montag – Freitag 7.00 – 14.00 Uhr,
Samstag 7.00 – 14.00 Uhr und
16.00 – 19.00 Uhr

Il Mercato del Forte

In Forte dei Marmi gibt es am Sonntag- und Mittwochvormittag einen sehr schönen Markt, in dem Sie die Probleme mit den frischen Lebensmitteln elegant umgehen: Dort können Sie Kleidung, Schuhe und Haushaltswaren erstehen.

55042 Forte dei Marmi
www.ilmercatodelforte.it
Mittwochvormittag (das ganze Jahr) und Sonntagvormittag (Ostern – Ende September)

OUTLET STORES

Den Outlet Stores kann auf einer Toskanareise kaum jemand widerstehen. Endlich dürfen wir Großstädter uns in aller Anonymität und Ruhe die Prada-Kollektion überziehen. Vermutlich werden viele Stücke zwar extra für den Outlet produziert, dafür ist die Auswahl aber riesig und die Preise vergleichsweise günstig. Gerade im Prada-Outlet-Spazio gehen unglaubliche Mengen über die Theke. Das können nicht alles Restposten sein. Das Meiste ist zwar aus der letzten oder vorletzten Kollektion, trotzdem macht es großen Spaß, in den Hallen herumzustöbern. Und nach dem Einkaufen können Sie sich in dem modernen Café mit anspruchsvollen Produkten stärken.

Am angenehmsten ist das Einkaufen mittags zwischen 13.00 und 15.00 Uhr. Italiener würden um diese Zeit nie shoppen. Unter der Woche ist es vormittags auch noch recht leer. Am Wochenende dagegen kann es sehr

voll werden. Da bei Prada eine Nummer gezogen werden muss, kann es dann passieren, dass Sie einige Minuten warten müssen, bevor Sie in den Outlet Store kommen. Die Nummer sollten Sie übrigens behalten, dann können Sie zwischendurch Ihre Dinge immer wieder an der Kasse hinterlegen und unbepackt weiterstöbern. Die Preise variieren zwischen den einzelnen Stores. Relativ günstig ist das Spazio der Prada-Gruppe, während Gucci und Pucci in der Mall eher etwas teurer sind.

Spazio Outlet – Prada-Gruppe
I Pellettieri d'Italia
Marken: Prada, Miu Miu, Prada Sport, Helmut Lang, Jil Sander

Località Levanella
Montevarchi Arezzo – Strada SS.69
Via Levanella Becorpi
Tel: 0039 055 91901

Montag – Freitag 10.00 – 19.00 Uhr,
Samstag 9.30 – 19.30 Uhr,
Sonntag 14.00 – 19.30 Uhr

Anfahrt:
A1 Richtung Rom, Ausfahrt Valdarno, dann Landstraße nach Arezzo
nehmen, hinter Montevarchi bei
Levanella schräg gegenüber der
Tankstelle links auf das kleine Schild
achten: „I Pellettieri d'Italia"

The Mall
Marken: Pucci, Yamamoto + Y3,
Tod's, Hogan, Balenciaga, Alexander
McQueen, Gucci, Giorgio Armani,
La Perla, Sergio Rossi, Agnona,

I Pinco Pallino, Ermenegildo Zegna,
Marni, Burberry, Yves St. Laurent,
La Bottega Veneta

Via Europa, 8
50066 Leccio/Regello
Tel: 0039 055 8657775
www.themall.it
Montag – Sonntag 10.00 – 19.00 Uhr

Anfahrt:
A1 Richtung Rom, Ausfahrt Incisa,
dann nach rechts die Landstraße
nach Leccio/Florenz nehmen, am
Kreisel links zur Mall abbiegen: ab
da gut ausgeschildert

SEIDENSTOFFE

Florenz war in der Renaissance das Zentrum der Seidenherstellung Italiens. Und genau wie damals werden in der antiken Seidenweberei Antico Setificio Fiorentino, gegründet 1786 und im Besitz der Mode-Dynastie Pucci, auch heute noch auf mehreren, jahrhundertealten Webstühlen feinste Stoffe angefertigt, welche dann in die exklusivsten Ecken der Welt exportiert werden. In dem zur Weberei gehörenden Laden sind die wunderschönen, einzigartigen und nach historischen Mustern gewebten Seidenstoffe vom Meter zu haben sowie auch zahlreiche Kissen, Schals und Krawatten. Nicht allein die Magie der traumhaften Stoffe, sondern auch das imposante Gebäude und die antike Einrichtung machen den Besuch zu einem besonderen Erlebnis.

Antico Setificio Fiorentino
Via L. Bartolini, 4, 50124 Florenz
Tel: 0039 0552 13861

Die Flohmärkte in Arezzo und Lucca sind sehr stimmungsvoll. Die Städte und die Cafés sind voller Leben. Die Stände stehen dicht an dicht in den kleinen Gassen und auf den Plätzen. Die Preise sind nicht gerade günstig, was wahrscheinlich auch an den vielen Touristen liegt.

Arezzo: Samstag und Sonntag, jedes 1. Wochenende im Monat in den Straßen der Innenstadt.

Lucca: Samstag und Sonntag, jedes 3. Wochenende im Monat auf dem Domplatz und dem umliegenden Areal.

PERSÖNLICHKEITEN

Lorenzo de Medici (1449–1492)

Luciano De Crescenzo schrieb einmal: „Von Reinkarnation halte ich nichts. Doch käme ich in die Lage, entscheiden zu müssen, welche Persönlichkeit aus vergangener Zeit ich gerne gewesen wäre, würde ich nicht lange zögern. Meine Wahl fiele auf Lorenzo de Medici."

Lorenzo de Medici war ein *networker* der Kunst, er brachte die besten Leute aus Kunst und Kultur in seinem Haus zusammen. Die politischen Machtspiele waren ihm weniger wichtig, als sein Haus zu einem Kreativpool zu machen. Die Entwicklungen in der Renaissance sind ohne ihn kaum zu denken. Er förderte Philosophen und Künstler wie Pico della Mirandola, Leonardo da Vinci und Michelangelo.

Lorenzo de Medici starb der Legende nach im Jahr 1492 an einem Wundertrank aus Perlen und Diamanten.

Leonardo da Vinci (1452–1519)

Er kam in Vinci als unehelicher Sohn auf die Welt, nachdem sein Vater eine Affäre mit einem Bauernmädchen hatte, dem er daraufhin wegen der Schwangerschaft einen Ehemann besorgte. Trotzdem entging es dem Vater nicht, wie auffällig begabt sein Sohn war. Er schickte ihn zu Andrea del Verrocchio in die Lehre. Leonardo da Vinci wurde schnell dessen bester Schüler. Neben der Malerei und der Bildhauerei interessierte er sich für fast alles: Er wurde Mathematiker, Dichter, Botaniker, Designer von Maschinen, Bühnenbildner und Geologe. Er war einfach der größte „Hansdampf in allen Gassen", den man sich überhaupt vorstellen konnte. Ihn interessierte die ideale Proportion. Er sagte einmal sinngemäß: „Ein guter Maler malt den Menschen und die Vorstellung, die er von ihm im Kopf hat." Vielleicht liegt hier das Geheimnis seiner drei berühmten Frauenporträts. Der Homosexualität wurde er bezichtigt, die auch als das „Florentinische Laster" bekannt war. Dabei hielt er den Akt des Beischlafes und die daran beteiligten Körperteile für so entsetzlich, dass er glaubte, die Menschheit wäre schon längst ausgestorben, gäbe es da nicht die Schönheit der Gesichter.

FILMTIPP

„Nostalghia" (1983),
Regie: Andrei Tarkowski

Der russische Schriftsteller Gortschakow reist zusammen mit der Dolmetscherin Eugenia auf den Spuren des Komponisten Sosnowski nach Italien, um eine Biografie über diesen zu schreiben. Die beiden halten sich lange in Bagno Vignoni auf. Dort trifft Gortschakow auf den alten, einsamen Mathematiker Domenico, der im kleinen Städtchen als verrückt gilt. Eugenia möchte mit Gortschakow schlafen, und Domenico möchte von ihm, dass er mit einer brennenden Kerze durch das Thermalbecken in Bagno Vignoni läuft, das der heiligen Katharina von Siena geweiht ist, um die Welt zu retten. Ein düsterer, schwermütiger, anspielungsreicher und kunstvoller Film über die Sehnsucht nach dem Vergangenen und über die Melancholie. Mit interessanten Bildern und interessanter Musik.

„Briefe an Julia" (2010),
Regie: Gary Winick

Dieser Film ist nicht mehr und nicht weniger als eine Liebeserklärung an die Toskana. Die Schmonzette selbst würde nicht lohnen, es sei denn, Sie lieben dick aufgetragene Happy Ends – hier haben Sie gleich zwei davon. Wenn Sie sich aber vor der Reise die Toskana als Postkartenlandschaft ansehen wollen, dann ist es genau der richtige Film.

„Toskana Forever. Ein Reiseleiter erzählt" von Dario Castagno

Dario Castagno verbrachte die ersten zehn Jahre in England, bevor er mit seinen Eltern ins Chianti zog. Seine Leidenschaft für die Landschaft und die kulturellen Schätze der Toskana machte er schließlich zum Beruf. In seinem Buch erzählt er die besten Anekdoten aus seiner Zeit als Reiseleiter. Seine Kunden sind hauptsächlich Amerikaner, denen er mit einer Engelsgeduld die Toskana nahebringt. Dario Castagno lebt in Siena. Dieses Buch ist eine perfekte Begleitlektüre für eine Toskanareise.

„La (Divina) Commedia – Die göttliche Komödie" von Dante Alighieri

Dantes Klassiker ist nicht nur eine Reise ins Mittelalter, sondern auch eine in die Toskana. Das Buch ist längst Weltliteratur geworden, jedoch nicht einfach zu lesen. Bei Dante sind insgesamt 14 233 Verse auf die drei Bücher „Inferno", „Purgatorio" und „Paradiso" verteilt. Aber „Die Gött-

liche Komödie" ist der beste Reisebegleiter, falls Sie Lust haben, sich die Kirchen in der Toskana anzusehen. Nirgends erfahren Sie genauer, was die Menschen umtrieb, die diese Kirchen bauten oder bauen ließen und wie sich die Menschen damals die Hölle, das Fegefeuer und das Paradies vorstellten. Schließlich verstand Dante seine „Commedia" als Kompendium des Wissens seiner Zeit – und das vor siebenhundert Jahren.

MEINE PERFEKTE WOCHE

Montag:

_____

_____

Dienstag:

_____

_____

Mittwoch:

_____

_____

Donnerstag:

_____

_____

Freitag:

_____

_____

Samstag:

_____

_____

Sonntag:

_____

_____

LUST AUF DAS WELTWEIT BESTE?

Die Buchreihen „Ein perfektes Wochenende ..." und „Eine perfekte Woche ..." werden vom Online-Travelguide www.smart-travelling.net in Kooperation mit Süddeutsche Zeitung Edition herausgegeben.

Auf smart-travelling.net gibt es:

- ☞ Handverlesene und aktuelle Tipps und Adressen für über 50 Städte und Regionen
- ☞ Blog mit kulinarischen Highlights und spannenden Interviews
- ☞ Direkte Buchungsmöglichkeit von Hotels

Reisen Sie mit uns um die Welt!

facebook.com/smarttravelling

instagram.com/smarttravelling